Helga Thoma
Familientragödien an Europas Höfen

SERIE PIPER

Zu diesem Buch

Familientragödien in Fürstenhäusern spielten sich zu allen Zeiten und in allen Teilen Europas ab: Die »unebenbürtige« Braut Agnes Bernauer wurde im Bayern des 15. Jahrhunderts vom eigenen Schwiegervater verhaftet und als Zauberin in der Donau ertränkt. Um selbst König zu werden, ließ Richard III. seine jungen Neffen einkerkern und wahrscheinlich ermorden. In Russland wurde der Sohn Peters des Großen zu Tode gefoltert, weil er sich gegen die politischen Ziele seines Vaters gestellt hatte. Morde, Folter und Intrigen waren an der Tagesordnung, wenn es darum ging, sich Einfluss und Macht zu sichern. Mit bewährter historischer Kompetenz, packend und anschaulich erzählt Helga Thoma von den bekanntesten tragischen Verbrechen aus Staatsräson hinter den prunkvollen Fassaden der europäischen Fürstenhöfe.

Helga Thoma, geboren 1958 in Klosterneuburg, studierte Romanistik und Germanistik in Wien. Nach mehrjähriger Tätigkeit in der Privatwirtschaft lebt sie seit 1994 als freie Autorin in Klosterneuburg. Von ihr erschienen außerdem »Madame, meine teure Geliebte … Die Mätressen der französischen Könige«, »Vom Thron zum Schafott. Das blutige Ende gekrönter Häupter«, »Liebe, Macht, Intrige. Königinnen und ihre Liebhaber«, »Ungeliebte Königin. Ehetragödien an Europas Fürstenhöfen« sowie »Habsburgs letzte Herrscherin«.

Helga Thoma
Familientragödien an Europas Höfen

Verbrechen aus Staatsräson

Mit 20 Abbildungen

Piper München Zürich

Von Helga Thoma liegen in der Serie Piper vor:
Vom Thron zum Schafott (2801)
Liebe, Macht, Intrige (3157)
Ungeliebte Königin (3526)
Familientragödien an Europas Höfen (3786)

Ungekürzte Taschenbuchausgabe
Piper Verlag GmbH, München
März 2004

unter dem Titel:
»Verbrechen aus Staatsräson. Familientragödien an Europas Höfen«
Umschlag/Bildredaktion: Büro Hamburg
Isabel Bünermann, Julia Martinez/
Charlotte Wippermann, Kathrin Hilse
Umschlagabbildung: William Hogarth (»Heinrich VIII. führt Anna Boleyn bei Hofe ein«; Privatbesitz; Foto: Bridgeman-Artothek)
Druck und Bindung: Clausen & Bosse, Leck
Printed in Germany ISBN 3-492-23786-X

www.piper.de

Inhalt

Vorwort

7

VERBRECHEN AUS STAATSRÄSON
Die Ermordung Agnes Bernauers

9

DIE KNABEN IM TOWER
Richard III. und das Rätsel um seine beiden Neffen

29

MORD IM HAUSE MEDICI
Isabella von Medici und Eleonora von Toledo

55

DAS ERSTE OPFER
Die Tragödie des Don Carlos

77

MACHTKAMPF IM HAUSE HABSBURG
Rudolf II. und sein Bruder Matthias

103

FLUCHT VOR DEM VATER
Alexej, der unglückliche Sohn Peters des Großen

123

MARTYRIUM EINES KINDES
Iwan VI., Zar von Russland

149

Stammtafeln

173

Literatur

181

Bildnachweis

184

Personenregister

185

Vorwort

Macht und Gewalt – zwei Begriffe, die offenbar untrennbar miteinander verbunden sind, im öffentlichen wie im privaten Bereich, in der Politik wie in der Familie, quer durch alle sozialen Schichten, quer durch die Jahrhunderte hindurch.
Der Blick in die Geschichte zeigt: Wenn die Macht ruft, verstummt sogar die berühmte Stimme des Blutes. Für eine Krone, für einen Thron, für Einfluss und persönlichen Vorteil wurde intrigiert, verraten, misshandelt und gemordet. Bei der Durchsetzung der eigenen Interessen kannte man keinerlei Rücksicht. Wer im Wege stand, behinderte oder gar Widerstand zu leisten wagte, wurde beseitigt, ob es sich dabei um Neffen, Brüder oder Schwestern handelte oder gar um die eigene Frau oder die eigenen Kinder.
Europas Herrscherhäuser bieten dafür zahlreiche Beispiele. In ihren Chroniken findet sich so manches dunkle Kapitel, das von tragischen oder schaurigen Ereignissen bei Hofe und in der Familie erzählt.
Für das vorliegende Buch wurden sieben der bekanntesten und berührendsten Familientragödien ausgewählt: Die Ermordung Agnes Bernauers, Aufstieg und Fall Richards III. von England, der gewaltsame Tod Isabella von Medicis und ihrer Schwägerin, Eleonora von Toledo, weiters die Tragödie des Don Carlos, der Machtkampf im Hause Habsburg zwischen Rudolf II. und seinem Bruder Matthias, das Schicksal des Zarewitsch Alexej, des Sohnes Peters des Großen, sowie das Martyrium des Kind-Zaren Iwan VI.

Verbrechen aus Staatsräson

Die Ermordung Agnes Bernauers

Der 12. Oktober 1435 markiert einen der dunkelsten Punkte in der Geschichte Bayerns. Über 565 Jahre ist es her, dass sich in Straubing an der Donau ein schändliches Verbrechen zutrug, angeordnet von allerhöchster Stelle und bemäntelt mit einem fadenscheinigen Rechtsspruch, bei dem eine unschuldige, junge Frau auf grauenvolle Weise zu Tode kam. Es war das tragische Ende einer der berührendsten Liebesgeschichten aller Zeiten. Eine große und wahre Liebe war an den unüberbrückbaren Standesvorurteilen und der starren Gesellschaftsordnung des ausgehenden Mittelalters zerschellt.

Viele Male ist die Geschichte von Agnes Bernauer schon erzählt worden, trotzdem ist vieles rund um die dramatischen Geschehnisse mysteriös und ungeklärt geblieben, denn die historischen Quellen sind spärlich und wurden im Laufe der Jahrhunderte oft von unbestätigten Vermutungen und romantischen Phantasien überwuchert.

Es kann jedoch angenommen werden, dass die Katastrophe im Februar 1428 in den letzten Tagen des Faschings in Augsburg ihren Anfang nahm.

Die freie Reichsstadt hatte zum traditionellen Turnier geladen und die Augsburger Bevölkerung befand sich seit Tagen in geschäftiger Aufregung, galt es doch nicht nur alles für den großen Wettstreit vorzubereiten, sondern auch für die Bewirtung und Unterbringung der hohen Gäste, die erwartet wurden, zu sorgen. Was in Bayern Rang und Namen hatte, fand sich damals samt zahlreichem Gefolge in Augsburg ein. Allen voran Albrecht, der Sohn des regierenden Herzogs Ernst von Bayern.

Das Bayern des späten Mittelalters war ein weites, aber zersplittertes und zerstrittenes Land. Durch das Fehlen des so genannten Erstgeburtsrechtes, das heißt, dass Krone und Besitz automatisch auf den ältesten Sohn übergingen, war es in den vergangenen Jahrhunderten immer wieder zu Gebietsteilungen und damit zwangsläufig zu Streitereien unter den Wittelsbachern gekommen. Die letzte große Teilung hatte 1392 unter den drei Söhnen Stephans II. stattgefunden. Seit damals gab es die Herzogtümer Ingolstadt, Landshut-Niederbayern und München-Oberbayern. Letzteres wurde von Herzog Ernst und seinem jüngeren Bruder, Wilhelm III., gemeinsam und in erstaunlicher Eintracht regiert. Weniger gut war jedoch das Verhältnis der beiden zu ihren Vettern und Nachbarn, Herzog Ludwig, genannt der Bärtige, von Ingolstadt und Herzog Heinrich der Reiche von Landshut. Grenzverletzungen und Gebietsstreitigkeiten standen auf der Tagesordnung. Man war voreinander auf der Hut und stets bereit, seinen Besitz mit allen Mitteln zu verteidigen.

Angesichts solch atmosphärischer Spannungen im Lande ruhten die Zukunftshoffnungen Oberbayerns nun auf dem jungen Herzog Albrecht, der, weil er lediglich drei Schwestern hatte, der einzige Erbe war. Doch was für das Land ein Segen schien, da es keine Teilung befürchten musste, sollte für Albrechts Privatleben noch unheilvolle Auswirkungen haben.

Herzog Ernst von Bayern war seit 1395 mit der schönen und reichen Mailänderin Elisabeth Visconti verheiratet, die ihm vier Kinder geschenkt hatte: Albrecht, Beatrix, Elisabeth und Amalie. Albrecht, der am 27. März 1401 zur Welt gekommen war, hatte ein besonders inniges Verhältnis zu seiner sanften und liebevollen Mutter. Und vermutlich fiel es der Herzogin nicht leicht, ihren geliebten Sohn schon im zarten Kindesalter in die Obhut anderer Leute zu geben, wie es zu jener Zeit der Brauch war. Die Tradition verlangte es, dass hochgeborene Söhne in einem anderen adeligen Haus erzogen wurden. Sie begannen dort

zumeist als Page der Dame des Hauses, um den Minnedienst zu erlernen, das hieß ritterliches Benehmen gegenüber Damen zu pflegen und für deren Unterhaltung zu sorgen. So gehörten Lautenspiel und Gedichtvortrag genauso zum Lernpensum eines jungen Aristokraten wie die Kunst des Lanzenstechens, des Turnierreitens aber auch des Kriegführens. Diese Kenntnisse und Fähigkeiten erwarb sich der Jüngling in der zweiten Phase seiner Ausbildung, die er an der Seite des Hausherrn absolvierte.
Der junge Albrecht von Bayern war etwa neun oder zehn Jahre alt, als er zu seiner Tante Sophie an den böhmischen Königshof in Prag geschickt wurde. Königin Sophie, die Schwester von Herzog Ernst, war die Gemahlin Wenzels IV. von Böhmen. Die tschechische Hauptstadt galt damals als eines der geistig-kulturellen Zentren Europas. Allerdings war sie in den letzten Jahren auch Ort recht unerfreulicher Begebenheiten gewesen. Wenzels erste Frau, Johanna von Bayern-Holland, eine Cousine Sophies, kam 1386 auf grauenvolle Weise ums Leben. Sie wurde von einer Meute Jagdhunde in ihrem Bett regelrecht zerfleischt. 1393 ließ Wenzel IV. Johannes Nepomuk, den Beichtvater von Königin Sophie, in der Moldau ertränken, angeblich, weil er sich geweigert hatte ihm zu erzählen, was seine Gemahlin gebeichtet hatte.
König Wenzel IV. war offenbar ein ebenso unduldsamer wie glückloser Herrscher. Im Jahre 1400 verlor er seine römisch-deutsche Königswürde, nachdem ihn die Reichsfürsten wegen Unfähigkeit und wegen seines offensichtlichen Desinteresses an den Regierungsgeschäften – Folge seiner zunehmenden Trunksucht – kurzerhand abgesetzt und durch den Wittelsbacher Ruprecht von der Pfalz ersetzt hatten. Nach dessen Tod wurde Wenzels Bruder Sigmund, der König von Ungarn, zum römisch-deutschen König und späteren Kaiser gewählt. Sigmund sollte nicht nur der letzte Kaiser aus dem Hause Luxemburg, sondern auch der letzte nicht-habsburgische Kaiser sein,* denn wie sein Bruder Wenzel blieb auch er ohne männlichen Nachkommen. Seine einzige Tochter, Elisabeth, verheiratete er mit

* Eine Ausnahme bildete lediglich der Wittelsbacher Karl Albrecht von Bayern, der als Karl VII. von 1742 bis 1745 die Kaiserkrone trug.

Herzog Albrecht von Österreich, wodurch Ungarn und Böhmen 1437 bzw. 1438 an die Habsburger fielen.

Als König Sigmund die Herrschaft im römischen Reich antrat, sah er sich mit einem diffizilen religiösen Problem konfrontiert, das einerseits Europa spaltete, andererseits seiner Krönung zum Kaiser im Wege stand: das seit 1378 bestehende Schisma und damit die Existenz eines Gegenpapstes. Zur Schlichtung dieses Kirchenstreites und zur Ausarbeitung einer Kirchenreform berief Sigmund daher 1414 in Konstanz ein Konzil ein, das vier Jahre dauern sollte und sich zum »größten mittelalterlichen Kongress des ganzen Abendlandes« auswuchs. Besondere Berühmtheit erlangte das Konzil zu Konstanz allerdings durch eine schändliche Intrige und einen Akt empörender Grausamkeit: die Hinrichtung des Jan Hus.

Hus, der an der berühmten Prager Universität Lehrer und Rektor gewesen war, galt als eine der Zentralfiguren und war Namensgeber jener religiös-nationalen Reformbewegung, die in ganz Europa für große Aufregung sorgte. Wie rund 100 Jahre später die Protestanten traten die Hussiten, die sich an dem englischen Reformer Wycliffe orientierten, gegen die sittlichen Missstände in Kirche und Gesellschaft auf und beriefen sich auf die Heilige Schrift als allein gültige Norm. Gleichzeitig stellte diese Bewegung auch eine Art Autonomiebestrebung der Tschechen dar, was sich nicht zuletzt in der Schaffung einer einheitlichen Schriftsprache und der Begründung einer tschechischen Literatur niederschlug.

Königin Sophie dürfte mit der neuen Lehre sympathisiert haben, während ihr Gemahl, ihr Schwager Sigmund und ihr Bruder Ernst wenig Freude mit den »aufrührerischen Ideen« von Jan Hus hatten. Herzog Ernst war offenbar sehr um das Seelenheil seiner Schwester besorgt, denn er schwang sich aufs Pferd und sprengte von München nach Prag, um sie wieder auf den rechten Glaubensweg zu bringen. Die Auseinandersetzung zwischen den Geschwistern soll derart heftig gewesen sein, dass Herzog Ernst die Beherrschung verlor und seiner königlichen Schwester ein Paar Ohrfeigen versetzte. Das entsprach nun ganz und gar nicht der vornehmen ritterlichen Art und passte auch schlecht zu Herzog Ernst, der im Allgemeinen als besonnener,

musisch interessierter Herrscher beschrieben wird. Aber offenbar konnte er, wenn es um die Interessen des Staates ging, schon das eine oder andere Mal gewalttätig werden.
Dieser Hus erschien den Mächtigen in Politik und Geistlichkeit als gefährlicher Brandstifter, dessen man habhaft werden sollte. Unter Zusicherung des freien Geleits durch König Sigmund höchstpersönlich lockte man ihn 1414 daher zum Konzil nach Konstanz. Doch kaum war er dort eingetroffen, wurde er verhaftet, verurteilt und am 6. Juli 1415 als Ketzer öffentlich verbrannt. Den Tschechen aber hatte man mit der Hinrichtung von Jan Hus einen Nationalhelden und Märtyrer gegeben, dessen Anhänger sich nun radikalisierten. Am 30. Juli 1419 wurden mit dem 1. Prager Fenstersturz die Hussitenkriege eingeleitet, die während der nächsten anderthalb Jahrzehnte unter anderem Böhmen, Ungarn, Österreich und Bayern heimsuchten. Erst 1434 gelang es den vereinigten Katholiken die Aufständischen zu besiegen.
Der heranwachsende Herzog Albrecht verfolgte die politischen und religiösen Entwicklungen seiner Zeit mit großem Interesse. Und seine Prager Jahre wurden für ihn in jeder Hinsicht prägend. Er hatte an der dortigen Universität studiert und die tschechische Sprache erlernt, die er fast perfekt beherrschte, als er 16-jährig Prag verließ, um in Begleitung seines Lehrers, Jan Sedlec, nach Bayern heimzukehren.
Wenig später, im Jahre 1422, zog er an der Seite seines Vaters in den Krieg. Nicht nur die Hussiten machten Bayern zu schaffen, auch die eigene Verwandtschaft. Der Ingolstädter Vetter, Ludwig der Bärtige, hatte sich wieder einmal zu weit vorgewagt und musste in die Schranken gewiesen werden. Bei Alling feierte die Armee von Herzog Ernst einen großen Sieg, doch Albrecht entging dem Tod nur knapp. Er verdankte sein Leben der Geistesgegenwart seines Vaters, der einen Angreifer, den Albrecht nicht gesehen hatte, im letzten Augenblick mit seinem Streitkolben niederstreckte. Trotz dieses Erlebnisses blieb das Vater-Sohn-Verhältnis distanziert und wurde nie so eng wie die Bindung Albrechts zu seiner Mutter.
Herzogin Elisabeth liebte ihren Sohn Albrecht sehr und im März 1424 sicherte sie ihm den Mitbesitz an ihrem Heiratsgut,

das unter anderem die Grafschaft Vohburg an der Donau umfasste. Er wurde dadurch zu seinem eigenen Herrn und war für die von ihm verwalteten Gebiete verantwortlich. Da er nicht nur klug und gerecht regierte, sondern auch ein sympathischer und gut aussehender junger Mann war, durfte er sich landauf, landab außerordentlicher Beliebtheit erfreuen. Gerade deshalb aber verwundert es, dass der nun bereits 26-Jährige immer noch nicht unter der Haube war. Immerhin betrug das Heiratsalter im Spätmittelalter für Mädchen etwa 13 und für Männer 17 Jahre. Möglicherweise suchte man ja nach einer besonders lukrativen Partie für den jungen Herzog, die – wie einst seine Mutter – die bayerische Staatskasse wieder ein wenig auffüllen würde. In Elisabeth von Württemberg meinte man schließlich die Richtige gefunden zu haben, und am 15. Januar 1428 wurde der Heiratsvertrag zwischen Herzog Ernst von Bayern und den Brüdern der Braut unterzeichnet. Doch zur allgemeinen Verblüffung weigerte sich Elisabeth, diese Ehe einzugehen. Sie liebte einen anderen, nämlich den Grafen Johann III. von Werdenberg-Sargans, mit dem sie kurzerhand durchbrannte. Ihre Brüder tobten und drohten, doch ohne Erfolg. Sie mussten schließlich nachgeben und der Schwester ihr Glück lassen.

Albrecht war verständlicherweise zunächst vor den Kopf gestoßen, denn derlei Eigenmächtigkeiten erlaubten sich im Mittelalter Mädchen nur höchst selten. Doch er dürfte den Korb, den ihm Elisabeth von Württemberg gegeben hatte, recht rasch verschmerzt haben. Zur Aufheiterung und Ablenkung kam da im Februar die Einladung zum Turnier in Augsburg gerade recht.

Ein mittelalterliches Turnier, das war sowohl ein sportliches als auch ein gesellschaftliches Ereignis ersten Ranges. Während die jungen Männer im Wettkampf ihre Kräfte messen konnten, präsentierte sich die Damenwelt auf den Tribünen in ihren schönsten Roben. Die meist zweifarbigen Kleider wurden knapp unter dem Busen gegürtet und fielen dann weich und weit herab. Besonders auffällig waren die spätmittelalterlichen Kopfbedeckungen wie etwa die aus Burgund stammende spitze Haube, an deren Ende ein langer Schleier befestigt war. Sie wurde allerdings nur bei Hofe getragen. Im Alltag und in den bürgerlichen Kreisen bevorzugte man Leinenhauben mit einer so genannten

Kinnbinde, die das Gesicht streng umrahmten und nur wirklich schönen Frauen gut standen.
Die Männermode fiel durch die eng anliegenden Strumpfhosen und vor allem die Schnabelschuhe auf, welche man sogar zu den Rüstungen trug. Die Rüstung war das wohl unentbehrlichste Kleidungsstück eines jeden Ritters. Er trug sie nicht nur im Krieg, sondern auch beim Turnier. Dennoch war ein solcher Wettstreit nie ganz ungefährlich.
Immer zwei Teilnehmer traten gegeneinander an, beide in voller Rüstung hoch zu Pferde. Sie ritten aufeinander zu und jeder versuchte nun mit der Lanze den anderen vom Pferd zu werfen. Dabei konnte es schon vorkommen, dass die Waffe des einen so unglücklich in das Visier des anderen drang, dass dieser sein Augenlicht verlor oder an seinen Verletzungen starb. Auch der Sturz vom Pferd konnte aufgrund des Gewichts der Rüstung und der damit verbundenen Unbeweglichkeit bisweilen tödlich sein. Entsprechend groß war die Spannung, die jedes Mal über einem Turnier lag.
Es gibt keine Aufzeichnungen, wie sich Herzog Albrecht in Augsburg schlug und wer aus diesem Wettkampf als Sieger hervorging. Auch über die anschließenden Festlichkeiten liegen keinerlei Berichte vor.
Üblicherweise wurde jedoch nach einem Turnier ein großes Bankett abgehalten, zu dem auch die Honoratioren der Stadt geladen waren, und an das sich dann noch ein oder zwei Tage der Festlichkeiten anschlossen. So wird es wohl auch in Augsburg gewesen sein. Man nimmt an, dass Herzog Albrecht in jenen Faschingstagen des Jahres 1428 zum ersten Mal der großen Liebe seines Lebens begegnete. Wie, wann und wo, das lässt sich nicht mehr eruieren. Möglicherweise aber fand diese erste Begegnung auf ganz und gar unromantische Art und Weise statt: nämlich in einem öffentlichen Bade.
Im Mittelalter wurde noch viel und gerne gebadet. Es sollte noch einige Jahrzehnte dauern, bis die Kirche die Badekultur – nicht ganz unbegründet – als etwas Anstößiges verdammen würde, was dazu führte, dass in den folgenden Generationen zwischenmenschliche Kontakte im wahrsten Sinn des Wortes einen üblen Geruch bekamen.

1428 aber durfte man noch nach Herzenslust plantschen und sich im warmen Wasser räkeln. Beinahe in jeder Straße gab es eine Badeanstalt mit großen gemauerten Becken, hölzerne Badezuber kamen erst später in Verwendung. Hier traf man sich nicht nur zwecks Säuberung des Körpers, sondern das Bad war Kommunikations- und Vergnügungszentrum. Einladungen ins Bad galten als Ehrenbezeugung für besondere Gäste. Stundenlang saß man – meist nach Geschlechtern getrennt, aber durchaus nicht immer – im warmen Wasser, diskutierte und labte sich an Speisen und Getränken, die die so genannten Badmägde auftrugen. Nicht selten arteten derlei Badbesuche aber auch in wahre Orgien aus, was schließlich der Körperpflege im Allgemeinen einen schlechten Ruf einbrachte.
Betrieben wurden diese öffentlichen Bäder von einem so genannten Bader, dessen Funktionen jedoch weitaus umfassender waren als für warmes Wasser zu sorgen. Ein Bader war zumeist auch noch Zahnarzt, Chirurg, Wundheiler und Apotheker in einer Person. Er hatte große Kenntnisse in der Herstellung von Arzneien und Behandlung von allerlei Krankheiten. Dennoch war dieser Beruf alles andere als angesehen. Er gehörte keiner Zunft an wie die Bäcker, Schmiede und anderen Handwerker. Bader zählten zu den so genannten »unehrlichen Leuten« und standen am unteren Ende der sozialen Rangstruktur, und die Mägde, die in ihren Diensten arbeiteten, waren als »Badehuren« verschrien. Tatsächlich beschränkten sich ihre Leistungen nicht immer nur auf das Rückenschrubben, Wassertragen oder Servieren von Speisen und Getränken. Wenn die bereits gut gelaunte männliche Kundschaft nach Gesellschaft verlangte, setzte sich die eine oder andere schon einmal ins Badebecken dazu.
In Augsburg lebte 1428 ein Bader namens Kaspar Bernauer, dessen heilkundiges Wissen schon vielen Bürgern der Stadt geholfen hatte. Aus diesem Grunde genoss er wahrscheinlich ein für seinen Stand unüblich hohes Ansehen. Berühmter als seine Fähigkeiten aber war seine Tochter Agnes, die von einer geradezu überirdischen Schönheit gewesen sein soll. Es gibt kein zeitgenössisches Bild von ihr, nur ein später entstandenes Grabrelief in der Gedächtniskapelle von St. Peter in Straubing, wo sie begraben liegt. Berichten zufolge aber hatte sie sehr sanfte, große

Agnes Bernauer (1411–1435)

Augen und edle, regelmäßige Züge sowie einen schön geschwungenen Mund. Sie war blond und ihre Haut von solcher Weiße, »dass man den Rotwein, den sie trank, durch ihre Kehle fließen sah«. Wegen ihrer Schönheit und wegen der Koseform ihres Namens, »Angele«, rief man sie Engelchen.

Agnes Bernauer wurde wahrscheinlich Anfang 1411 geboren, ihre Mutter starb früh und sie wurde von ihrem Vater aufgezogen. Offenbar nahm es der alte Bernauer mit der Erziehung seiner Tochter sehr genau, denn er lehrte sie Lesen und Schreiben. Für die damalige Zeit und noch dazu für eine Baderstochter war das geradezu »unerhört«. Agnes Bernauer besaß also eine gewisse Bildung, was sehr ungewöhnlich war und sie über die meisten Frauen ihrer Zeit hinaushob.

Ganz wie es sich für eine brave Tochter gehörte, half Agnes im Betrieb ihres Vaters mit. Sie lernte rasch und erwies sich als äußerst geschickt beim Herstellen von heilenden Salben und Tränklein. Mit ziemlicher Sicherheit packte sie auch zu, wenn es um die Betreuung der Badegäste ging. Sie trug wohl – so wie in Carl Orffs »Bernauerin« – die Eimer mit dem heißen Wasser heran oder brachte Badetücher und Erfrischungen. Schön wie sie war, zog sie natürlich unweigerlich die Blicke der Männer auf sich. Vermutlich auch jene des Herzogs Albrecht von Bayern.

Der romantisierende Schleier, der im Laufe der Jahrhunderte über die Geschichte der Agnes Bernauer gebreitet worden ist, macht es schwer, zu glauben, dass diese große Liebe möglicherweise in einer solch derb-erotischen Atmosphäre begonnen hatte, dass Agnes, die zur Märtyrerin hochgehimmelt worden ist, eine gewöhnliche Bademagd, vielleicht sogar eine Badehur' gewesen sein könnte.

Tatsache aber ist, dass die schöne Baderstochter dem jungen Bayernherzog auffiel und er sich unsterblich in sie verliebte. So oft er es einrichten konnte, stattete er nun Augsburg einen Besuch ab, um Agnes zu sehen, die offenbar seine Liebe erwiderte. Und eines Tages nahm Albrecht die Geliebte mit auf sein Schloss in Vohburg, wo er fortan ganz offiziell mit ihr zusammenlebte. Zwar widersprach ein uneheliches Verhältnis ganz und gar den strengen sittlichen und religiösen Normen der Zeit,

Albrecht III. von Bayern (1401–1460)

doch war Albrecht längst nicht der erste Wittelsbacher, der sich eine Mätresse hielt. Ein Gutteil seiner Vorfahren und auch sein Onkel Wilhelm hatten mit Frauen aus dem Volke eine nicht unbeträchtliche Kinderschar in die Welt gesetzt. Ungewöhnlich war nur, dass sich ein so hochgeborener Herr wie der Sohn des Herzogs von Bayern ausgerechnet in eine niedrige Bademagd verliebt hatte. Andererseits hatten vor allem die Männer angesichts von Agnes' außergewöhnlicher Schönheit Verständnis dafür. Dann aber verloren die Standesgenossen plötzlich jedwedes Verständnis.

Albrecht von Bayern war ein Mensch, der zu intensiven Gefühlen fähig war. Er liebte Agnes Bernauer von ganzem Herzen, und er wollte sie nicht zu seiner Buhle herabwürdigen, noch dazu, wo sie vielleicht sein Kind unter dem Herzen trug. Er wollte sie offiziell an seine Seite haben, er wollte sie heiraten. Da er wusste, dass sein Vater gegen die Verbindung war, ging er in aller Heimlichkeit die Ehe mit seiner geliebten Agnes ein. Wann, wo und unter welchen Umständen diese stattfand, darüber gibt es keine Aufzeichnungen. Höchstwahrscheinlich gaben sie sich im Frühjahr 1432 das Jawort, denn ab diesem Zeitpunkt begannen auch die Auseinandersetzungen zwischen Vater und Sohn und mehrte sich auch die Kritik aus der hochadeligen Gesellschaft.

Herzogin Elisabeth, die im Februar 1432 gestorben war, scheint sich jedoch nie negativ über die Verbindung geäußert zu haben. Das stumme Einverständnis der Mutter könnte Albrecht auch den Mut gegeben haben, zu seiner Frau zu stehen und sich gegen alle Widerstände zu stemmen. Er hatte Agnes nie versteckt, und im Sommer 1432 war sie bereits am Hofe etabliert, wo sie, selbstbewusst wie sie war, eine recht beachtliche Rolle spielte. Während Herzog Ernst alles unternahm, um seinen Sohn zu einer Trennung von der Baderstochter zu bewegen, weil andernfalls die Erbfolge auf dem Spiel stehen würde, schien Herzog Wilhelm III. Verständnis für das Vorgehen seines Neffen zu haben. Immerhin lernte auch er mit seinen 58 Jahren noch die Freuden der Liebe kennen. Er heiratete im Mai 1433 die erst 17-jährige Prinzessin Margarethe von Kleve, die ihm kurz darauf einen Sohn, Adolf, schenkte. Somit gab es zumindest einen Erben für das Herzogtum Bayern-München, auch wenn Albrecht nicht von seiner skandalösen Beziehung abließ. Mit Agnes an seiner Seite würde er niemals als rechtmäßiger Herzog von Bayern und seine Kinder niemals als legitime Erben anerkannt werden. Die Reaktion der adeligen Kreise zeigte das bereits deutlich. Albrecht hatte seine Standesgenossen mit seiner Heirat brüskiert. Er hatte sich über alle Regeln der gesellschaftlichen Hierarchie hinweggesetzt. Die Folgen bekam er nun zu spüren. Man wandte sich von ihm ab.

Als er im November 1434 bei einem Turnier in Regensburg an-

treten wollte, verweigerte man ihm schlichtweg die Teilnahme. Deutlicher konnte die Ablehnung seines Tuns wohl nicht gezeigt werden. Und auch seine Schwester Beatrix, die in zweiter Ehe mit dem Pfalzgrafen Johann von Neumarkt verheiratet war, ließ es an Deutlichkeit nicht fehlen. Bereits im August 1432 hatte sie ganz unverhohlen gesagt, was sie von Agnes hielt. Ihre Wut auf die Frau, die sich erdreistet hatte, in die herzoglichen Kreise einzudringen, war unbeschreiblich. Wahrscheinlich mischte sich auch ein Quäntchen Neid dazu, da Agnes' Schönheit ihre eigene Hässlichkeit noch betonte. »Die hoch und großfaiste Frau Nessen« nannte sie die Schwägerin in abfälliger Abwandlung ihres Namens Agnes. In der jungen Margarethe von Kleve hatte Beatrix übrigens eine Verbündete gefunden. Die beiden Frauen hetzten gegen Agnes, wann immer sich eine Gelegenheit bot.
Agnes und Albrecht ertrugen die Anfeindungen mit erhobenem Haupt. In ihren Schlössern in Vohburg und Straubing, dessen Statthalter Albrecht im Januar 1433 wurde, fühlten sich die beiden sicher. Trotz ihrer niedrigen Herkunft dürfte sich Agnes rasch in die Rolle der Herzogin eingelebt haben. Sie verfügte über ein großes Selbstbewusstsein und eine natürliche Würde ohne dabei hochmütig zu sein. Mit Stolz und auch mit Recht bezeichnete sie sich der Überlieferung zufolge als »Gemahlin des bayerischen Fürsten und Herrscherin von Bayern«. In neuesten Publikationen wird auch die Existenz einer Tochter mit Namen Sibylla erwähnt. Allerdings steht lediglich fest, dass Albrecht Sibyllas Vater war. Ob Agnes Bernauer ihre Mutter war, oder ob sie aus einer früheren Liebschaft des Herzogs stammte, konnte bis jetzt nicht geklärt werden.
Die Idylle in Straubing war aber trügerisch. Agnes dürfte das auch gespürt haben. Sie musste Ahnungen gehabt haben, denn anders lässt es sich wohl nicht erklären, dass eine junge, seit kurzem verheiratete Frau um ihre letzte Ruhestätte besorgt war. Im Kreuzgang des Karmeliterklosters von Straubing stiftete sie einen Altar und bestimmte, unter diesem begraben zu werden. Offenbar rechnete sie nicht damit, dass man ihr, der Nichtstandesgemäßen, einen Platz in der herzoglichen Gruft an der Seite ihres Gemahls zugestehen würde. Agnes' Todesahnungen soll-

ten bald furchtbare Realität werden. Viel furchtbarer jedoch, als sie es sich wohl jemals gedacht hatte.
Die Kluft zwischen Albrecht und seinem Vater wurde immer größer, je mehr der Herzog seinen Sohn drängte, sich doch endlich von Agnes zu trennen. Er drohte, er versprach, doch es half alles nichts. Albrecht würde nie von seiner Frau ablassen. Gleichzeitig aber würde er auch nie auf seine angestammten Rechte verzichten und war bereit, um seine Krone zu kämpfen.
Darin erkannte Herzog Ernst eine große Gefahr. Denn nicht allein Standesdünkel und auch keine persönlichen Ressentiments begründeten seinen wachsenden Hass auf die unliebsame Schwiegertochter, als vielmehr eine tiefe und tatsächlich nicht ganz unbegründete Sorge um das Wohl seines Staates. Das Schicksal Bayerns stand auf dem Spiel. Sollte Albrecht mit der Bernauerin an seiner Seite die Nachfolge antreten, würde dem Land unzweifelhaft Krieg drohen, denn die streitbaren Vettern standen schon Gewehr bei Fuß die gespannte Lage in München auszunützen und würden keinen Augenblick zögern, um über das Land herzufallen. Auch die Bevölkerung schien ähnliche Befürchtungen zu hegen. Angst ging um, man könnte unter die Herrschaft des gefürchteten Landshuter kommen. Agnes Bernauer bedeutete eine Bedrohung für Bayern!
Um die Mitte des Jahres 1435 spitzten sich die Ereignisse zu. Im Juni war Albrecht plötzlich nicht mehr Statthalter von Straubing. Hatte ihn der Vater suspendiert oder hatte er freiwillig den Rückzug angetreten? Wieder einmal fehlen darüber genauere Aufzeichnungen. Fest steht lediglich, dass sich Albrecht mit seiner Agnes nach Vohburg zurückzog, wo er sich nun verstärkt der Verwaltungstätigkeit widmete. Der Konflikt mit dem Vater war offenkundig. Nur wenige standen dabei auf Albrechts Seite. Einer von ihnen war sein Onkel, Herzog Wilhelm III., der gewissermaßen seine schützende Hand über den Neffen hielt. Wohl nicht ganz uneigennützig, denn seinem Sohn, dem kleinen Adolf, würde das Erbe zufallen, für den Fall, dass Albrecht wegen seiner unstandesgemäßen Verbindung vor der Opposition des Adels kapitulieren musste. Am 13. September 1435 aber starb Wilhelm III. und sein Tod brachte die Katastrophe ins Rollen.

Herzog Ernst, der weder mit Worten noch mit Appellen an die Vernunft und das Pflichtgefühl des Sohnes erfolgreich gewesen war, sann nun nach anderen Mitteln und Wegen, um sich der Schwiegertochter zu entledigen.
Schon kurz nach dem Tode des Bruders wurde er aktiv. Begleitet vom Münchener Bürgermeister Ligsalz traf er Ende September in Kehlheim mit Heinrich von Landshut zusammen, um ein gemeinsames Vorgehen gegen den Ingolstädter Vetter zu besprechen. Bei diesem Treffen dürfte man aber noch ein anderes Thema erörtert haben: Agnes Bernauer. Ernst gewann die Unterstützung Heinrichs von Landshut für sein geplantes Komplott zur Beseitigung der Schwiegertochter. Im Gegenzug versprach er ihm dafür, im Falle eines Sieges die gesamten Ingolstädter Gebiete zu überlassen. Handfeste Beweise für diesen Handel gibt es zwar nicht, doch sprechen die Indizien dafür.
Am 6. Oktober 1435 traf in Schloss Vohburg eine Einladung zu einer Jagdgesellschaft in Landshut für den 13. des Monats ein. Albrecht war zwar etwas verwundert, führte die unerwartete Freundlichkeit jedoch darauf zurück, dass Heinrich von Landshut in Anbetracht des bevorstehenden Konfliktes mit Ingolstadt seine Beziehungen zu Bayern-München verbessern wollte. Zwei Tage später nahm er daher die Einladung an.
In den frühen Morgenstunden des 12. Oktober 1435 verabschiedete sich Albrecht von seiner Gemahlin, bevor er in Richtung Landshut aufbrach. Agnes war an diesem Morgen ungewöhnlich niedergeschlagen und voller Sorge ohne recht zu wissen weshalb. Albrecht versuchte sie zu beruhigen und tröstete sie damit, dass er ja in wenigen Tagen wieder zurück wäre. Er ahnte nicht, dass er seine Frau zum letzten Mal sah, als er sie verließ.
Bedrückt blieb Agnes allein auf Burg Straubing zurück, wohin sie in den vergangenen Tagen übersiedelt waren. Erst wenige Stunden waren seit Albrechts Aufbruch vergangen, als Abgesandte von Herzog Ernst plötzlich lautstark Einlass forderten. Als die Wachen zögerten, erzwangen sie sich gewaltsam Zutritt zu den Gemächern der Herzogin.
Bleich und erschrocken musste Agnes nun vernehmen, dass man gekommen war, um ihr den Prozess zu machen. Sie sei der Zauberei und des Mordversuches an Herzog Ernst und dem kleinen

Adolf, also des Hochverrates, angeklagt. Trotz ihrer Angst hatte sich Agnes rasch gefasst. Stolz und mit erhobenem Haupt, ganz Herzogin, stand sie da und berief sich auf ihren Rang. Nur ihr Gemahl könne über sie richten, erklärte sie. Doch niemand kümmerte sich um ihre Worte. In den Augen der Gesellschaft war sie keine Herzogin, sondern eine einfache Baderstochter, die es gewagt hatte, sich über die Schranken ihres Standes hinwegzusetzen und in eine Klasse einzudringen, die ihr von Geburt her verwehrt war.

Die gesellschaftlichen Strukturen galten damals als vorgegeben, als gottgewollt. Jeder hatte seinen Platz im Leben und es herrschte eine strenge Trennung zwischen den verschiedenen sozialen Klassen und Ständen. Die Religion war tief verwurzelt in den Seelen der Menschen, gleichzeitig aber war auch der Aberglaube ein weit verbreitetes Phänomen, wobei die Grenzen zur Religion nur allzu oft verschwammen. Genau dies bildete nun die Basis für die Anklage, die Herzog Ernst gegen seine Schwiegertochter zimmerte. Man war rasch zur Hand mit Zauberei und Hexerei. Was man sich nicht erklären konnte, was gegen die Regeln und gegen die Norm verstieß, wurde damit erklärt, dass böse Mächte ihre Finger im Spiel haben mussten.

Wir wissen nicht, wie sich der Prozess gegen Agnes Bernauer abgespielt hat. Das einzige Dokument, das ein Licht auf die Argumente der Anklage wirft, sind die Instruktionen, die Herzog Ernst am 28. Oktober 1435 seinem Schreiber, einem gewissen Friedrich Aichstetter, gab, welche dieser dem Kaiser mündlich weitergeben sollte. Darin heißt es, Albrecht sei beladen gewesen »mit einem poesn weyb und daz sey seinem [Ernsts] sun so hart und so streng gewesen, daz man daz mit wenigen worten nit ausgesprechen kund. ez sey auch sein sun in drein oder vier jarn nie recht froelich gewesen, er hab auch seines sunez leben vor ir besorgt ... [daher] hat er daz selbig weyb ertrencken lassen«. Ernst argumentierte also als besorgter Vater. Agnes Bernauer sei eine Gefahr für das Leben seines Sohnes, den sie mit einem Zauber belegt habe. Beweis dafür sei die wachsende Melancholie Albrechts in den letzten Jahren und seine Uneinsichtigkeit, dass er sich von dieser Frau trennen müsse. Durch seine Verbindung mit Agnes habe Albrecht gegen seinen Stand und seine Rittereh-

Ernst von Bayern (1373–1438)

re verstoßen. Sie hindere ihn daran, den hohen Idealen und Aufgaben eines Adeligen nachzukommen, und er bedrohe dadurch das Ansehen aller bayerischen Fürsten. Agnes Bernauer schade also dem Land, solange sie lebe. Um der Anklage auch noch eine politische Note zu geben, hatte der Schreiber darüber hinaus den Auftrag, zu berichten, Agnes habe einen Giftmordversuch gegen Ernst und Wilhelms Sohn unternommen. Auch die Schwächlichkeit des kleinen Adolf legte man dem »Schadenzauber« der Bernauerin zur Last. Anschläge auf das Leben des Herrschers waren eine politische Tat, also Hochverrat, welcher mit der Todesstrafe geahndet wurde.

Mit diesem Urteil wurde nun die hilflose junge Frau konfrontiert. Agnes war ganz allein auf sich gestellt. Niemand erhob die Stimme zu ihrer Verteidigung, niemand beteuerte ihre Unschuld. Der Einzige, der sie hätte retten können, war weit weg, in Landshut. Die Münchner Bevölkerung stand hinter Herzog Ernst. Man sah zu, wie die Schergen auf des Herzogs Befehl Agnes packten, ihr die Hände auf den Rücken fesselten und sie zu der Brücke schleppten, die die beiden Ufer der Donau verband. Ein brutaler Stoß des Henkers ließ sie ins Wasser stürzen. Sie versank in den Fluten. Doch dann geschah etwas Unvorhergesehenes. Agnes war es gelungen, ihre Fesseln abzustreifen und um Hilfe rufend versuchte die Verzweifelte nun, das Ufer zu erreichen. Doch die Schergen zögerten nur kurz. Mit langen Stangen stießen sie die Ertrinkende zurück ins Wasser, und schließlich wickelte einer ihr langes, blondes Haar um seine Stange und zog sie damit so lange in die Tiefe, bis sie sich nicht mehr regte.

Albrecht erfuhr auf dem Rückweg aus Landshut von der ruchlosen Tat, die sich während seiner Abwesenheit zugetragen hatte. Wut und Verzweiflung packten ihn. Er verfiel in eine tiefe Melancholie, die ihn bis zu seinem Lebensende nie wieder verlassen sollte. Mit Agnes hatte er die große Liebe seines Lebens, den Inhalt seines Daseins verloren. Allein der Zorn gegen die Verschwörer und Mörder seiner Frau vermochte ihn aus seiner Niedergeschlagenheit zu reißen, ein Zorn, der sich vor allem gegen den schnöden Heinrich von Landshut richtete, der ihn mit seiner hinterhältigen Einladung von seiner Gemahlin weggelockt hatte, so dass diese ohne jede Hilfe ihren Feinden ausgeliefert gewesen war. Er verbündete sich nun ausgerechnet mit Ludwig von Ingolstadt, mit dem er in die Landshuter Gebiete einfiel, um danach auch gegen München und den eigenen Vater zu ziehen.

Gegen Ende des Jahres dürften sich Albrechts aufgewühlte Gefühle wieder beruhigt haben. Grund dafür war wohl ein Vermittlungsversuch von Kaiser Sigmund, der ihn aufforderte, mit seinem Vater Frieden zu schließen. Albrecht sah ein, dass wenn er Rache nehmen würde, viele Unschuldige zu leiden hätten. Er versöhnte sich mit dem Vater, der unmittelbar nach vollbrachter Mordtat eine tiefe Reue an den Tag gelegt hatte. Der Schwiegertochter, die er zu Lebzeiten gehasst hatte, ließ er nun eine Gedenkkirche am St. Petersfriedhof in Straubing errichten, und die Grabplatte mit dem Bildnis der Verstorbenen, die heute noch erhalten ist, trägt die Inschrift: »die ehrsame und ehrbare Frau Agnes die Bernauerin«.

Trotz seines Schmerzes und seiner Trauer besann sich Albrecht schließlich auf seine Pflichten dem Staate gegenüber. Nachdem ihn der Vater zum Mitregenten ernannt hatte, vermählte er sich am 6. November 1436 mit Anna von Braunschweig. Zwei Jahre später starb Herzog Ernst und Albrecht III. herrschte von nun an allein über Bayern-München. Er muss ein guter Fürst gewesen sein, denn man gab ihm die Beinamen »der Gütige« und »der Fromme«. Immerhin gelang es ihm, seinem Land für längere Zeit den Frieden zu bewahren. Wirkliche Freude am Herrschen aber hatte Albrecht nie. Er war seit Agnes' Tod ein gebrochener Mann, von Schwermut und Depressionen heimgesucht. Und er hatte jeglichen Ehrgeiz verloren. Denn als er im Jahre 1440 vom Reichstag einstimmig zum König von Böhmen gewählt wurde, lehnte er die hohe Ehre ab, da der verstorbene Böhmenkönig, der Habsburger Albrecht II., einen nachgeborenen Sohn hinterlassen hatte, den kleinen Ladislaus postumus. Diese Haltung gereicht Albrecht von Bayern natürlich zur Ehre, politisch klug oder gar staatsmännisch war sie wohl nicht. Kaum ein Herrscher hätte sich solch einen Zuwachs an Macht und Würde entgehen lassen. Der fehlende Ehrgeiz hing wohl mit Albrechts seelischer Verfassung zusammen. Es gab nichts, das ihn wieder froh und glücklich machen konnte. Auch seine

Ehe mit Anna von Braunschweig verlief alles andere als glücklich, obwohl ihr in 23 Jahren immerhin zehn Kinder entsprangen. Die Eheleute hatten sich bald auseinander gelebt, was wohl in erster Linie Albrechts Schuld war. Anna konnte in seinen Augen die geliebte Agnes nicht ersetzen. Darüber hinaus machte er es seiner Gemahlin nicht gerade leicht, wenn er versuchte, seinen Depressionen durch zahlreiche Affären mit der Münchner Weiblichkeit zu entfliehen. Gegen Ende seines Lebens wurde Albrecht III. schließlich auch noch von einer schmerzhaften Fußgicht heimgesucht, die ihn sicherlich nicht umgänglicher machte. Er zog sich immer mehr zurück und überließ seiner Gemahlin die Regierungsgeschäfte.

Am 29. Februar 1460 starb Albrecht III. im Alter von 59 Jahren. Er hinterließ nicht weniger als fünf Söhne, Johann, Sigmund, Albrecht, Christoph und Wolfgang, hatte jedoch vorsorglich verfügt, dass nur die beiden ältesten über Bayern-München regieren sollten, um dem Land Streit und Verwirrung zu ersparen. Allerdings starb Johann bereits nach drei Jahren an der Pest und der lässige Sigmund, der dem Regieren nicht viel abgewinnen konnte, überließ schließlich im September 1467 seinem jüngeren Bruder Albrecht die alleinige Herrschaft.

Mit Albrecht IV. begann gewissermaßen eine neue Ära für Bayern. Er führte 1506 endlich die Unteilbarkeit und die Primogenitur, also das Erstgeburtsrecht, ein, wodurch künftig die Nachfolge und die Einheit des Landes gewährleistet waren. Unter ihm wuchs Bayern wieder zusammen. Dank der Unterstützung seines Schwagers, Kaiser Maximilian I., konnte Albrecht IV. 1504/05 das Ringen um die niederbayerischen Gebiete (Landshut und Ingolstadt) für sich entscheiden. Bereits 1487 hatte er gegen den Willen des damaligen Kaisers, Friedrich III., dessen Tochter, Kunigunde von Österreich, geheiratet. Diese Verbindung sollte den Beginn einer jahrhundertelangen Beziehung zwischen Bayern und Österreich und einer ganzen Serie von Eheschließungen zwischen den Häusern Habsburg und Wittelsbach bedeuten.

Die Knaben im Tower

Richard III. und das Rätsel um seine beiden Neffen

Am 2. Oktober 1452 brachte Herzogin Cecily, Gemahlin des Herzogs Richard von York, auf Burg Fotheringhay ihr elftes Kind zur Welt, einen Knaben, der nach seinem Vater Richard benannt wurde. Es war eine schwere Geburt, da das Kind mit den Füßen zuerst geboren wurde. Ein schlechtes Omen, wie man damals meinte. Auch war der kleine Richard überaus zart und schwächlich, sodass eigentlich niemand an sein Überleben glaubte. Wenn sich daher in den folgenden Tagen jemand nach ihm erkundigte, lautete die Antwort stets lapidar: »Er lebt noch.« Doch Richard war zäh – und blieb am Leben. Als jüngstes von zwölf Geschwistern – nach ihm wurde noch ein Mädchen geboren, das jedoch bald starb – wurde er allerdings kaum beachtet. Gemeinsam mit seinem um drei Jahre älteren Bruder George und der um sechs Jahre älteren Schwester Margaret verbrachte er die ersten sieben Jahre seines Lebens auf Fotheringhay Castle, jenem Schloss, auf dem 135 Jahre später Maria Stuart hingerichtet werden sollte. Vier seiner weiteren Geschwister starben vorzeitig und zu den übrigen – Anne, Eduard, Edmund und Elisabeth – hatte er nur wenig Kontakt, da diese, wie es im Mittelalter der Brauch war, in anderen Familien erzogen wurden.

Der kleine Richard, der einmal vor allem durch Shakespeares historisches Drama zu fragwürdiger Berühmtheit gelangen sollte, war ein unscheinbares, stilles und verschlossenes Kind. Ihm fehlten die Munterkeit und der Charme seines Bruders George, sodass ihm die Herzen nicht gerade zuflogen. Seine körperliche

Schwäche versuchte er durch hartes Training und Ausdauer zu kompensieren, was ihm auch ganz gut gelang. Wer aber interessierte sich damals schon besonders für diesen kleinen York-Knaben, der doch drei ältere Brüder hatte und damit wohl nie zu irgendwelcher politischer Bedeutung gelangen würde?
Während Richard also in aller Abgeschiedenheit seine Kindheit verlebte, wurde das Haus Plantagenet durch den Krieg zwischen den Linien Lancaster und York erschüttert. Die eigentliche Ursache für diesen Konflikt war ein Thronraub, der schon ein halbes Jahrhundert zurücklag.

Mit dem Tod Eduards III. fing alles an. Dieser englische König hatte mit seiner Gemahlin, Philippa von Hennegau, gleich fünf Söhne in die Welt gesetzt, was zwar sehr für die Fruchtbarkeit dieses Fürsten sprach, gleichzeitig aber ein ungeheures Potential für künftige Thronstreitigkeiten in sich barg.
Zunächst verlief noch alles in legitimen Bahnen. Nach Eduards Tod, 1377, fiel die Krone Englands dem Sohn seines ältesten Sohnes zu, seinem Enkel Richard II. Der aber geriet bald durch seine unüberlegten und willkürlichen Aktionen in Verruf. Zudem mehrten sich bei ihm seit dem Tode seiner Gemahlin Anna von Böhmen, der Tochter Kaiser Karls IV., die Anzeichen für eine Geisteskrankheit. Auch Richards Vermählung 1396 mit der erst siebenjährigen Isabella von Frankreich, Tochter Karls VI., brachte nicht den gewünschten Erfolg, das heißt ein Ende des seit 1337 währenden Krieges gegen Frankreich. So hatte der sich immer tyrannischer gebärdende König bald mehr Feinde als Freunde im eigenen Land. Es war daher für seinen im Exil lebenden Vetter, Heinrich von Lancaster, ein Leichtes, Adel und Parlament für sich zu gewinnen. 1399 kehrte er überraschend aus Frankreich zurück, zwang Richard am 30. September 1399 zum Thronverzicht und ließ sich sodann selbst als Heinrich IV. zum König ausrufen. Richard II. starb schon wenige Monate später am 14. Februar 1400 in seinem Gefängnis in Pontefract Castle in Yorkshire. Ob Heinrich IV. hatte nachhelfen lassen, bleibt dahingestellt.
Die meisten waren froh, von der Tyrannei Richards befreit zu sein. Doch es gab auch Kritiker, die die Thronbesteigung Hein-

richs IV. Lancaster das nannten, was sie war: eine Usurpation. Dem Gesetz nach wäre die Krone nämlich Edmund Mortimer, dem Grafen von March, zugestanden, dem Urenkel des zweiten Sohnes von Eduard III., allerdings war er ebenso wie seine Schwester Anne Mortimer noch ein Kind. Heinrich IV. rangierte in der Thronfolge als Sohn des dritten Sohnes von Eduard III. erst hinter den beiden. Ein erster Plan, Heinrich zu stürzen, scheiterte jedoch 1403 und brachte die Anstifter aufs Schafott. Damals wurde der Grundstein für die späteren „Rosenkriege" zwischen den Häusern Lancaster und York gelegt, welche zwischen 1455 und 1485 England spalten sollten. York war zwar der Name der vierten Linie des Hauses Plantagenet, doch rückte sie durch die Einheirat der letzten Vertreterin der zweiten Linie, Anne Mortimer (1390–1411), gewissermaßen im Rang vor den Lancaster-Zweig. Von da an wartete man im Hause York nur noch auf eine Gelegenheit, um Anspruch auf den Thron von England zu erheben. Dies sollte jedoch erst unter dem Enkel des Usurpators der Fall sein. Denn der nächste Lancaster, Heinrich V., der 1413 seinem verstorbenen Vater nachfolgte, wurde zum Helden der Nation.

Er eröffnete die zweite Phase des 100-jährigen Kriegs, den sein Urgroßvater, Eduard III., 1339 durch seinen Anspruch auf den französischen Thron ausgelöst hatte. Mit Hilfe der Burgunder errang er 1415 bei Azincourt einen großen Sieg und schloss 1420 mit den Franzosen den Vertrag von Troyes. In diesem wurde die Heirat Heinrichs V. Lancaster mit der Tochter des französischen Königs, Katharina von Valois, festgelegt. Darüber hinaus aber anerkannte ihn der geisteskranke Karl VI. als Regenten und Erben von Frankreich. Doch Heinrich starb 1422 zwei Monate vor seinem Schwiegervater, sodass die Sensation, dass der König von England gleichzeitig König von Frankreich war, nicht zustande kam.

Katharina von Valois war nach nur zweijähriger Ehe bereits Witwe. 1421 hatte sie einem Sohn das Leben geschenkt, der nun König Heinrich VI. von England war. Doch ihm fehlte das energische Auftreten des Vaters und so begann mit ihm der Abstieg des Hauses Lancaster. Seine Mutter verursachte 1429 einen veritablen Skandal, als sie in zweiter Ehe ihren einstigen Pagen, ei-

nen walisischen Edelmann namens Owen Tudor, heiratete. Ausgerechnet ihr Enkel aus dieser Verbindung sollte einmal die neue Dynastie von England begründen.
Heinrich VI. wurde eine der unglücklichsten Figuren in der Geschichte Englands. Er war ein schwacher und passiver König. Umso energischer und ehrgeiziger war dagegen seine Gemahlin, Margarethe von Anjou, aus einer Nebenlinie des französischen Königshauses. Gemeinsam mit ihrem Beraterkreis führte sie die Staatsgeschäfte und schuf sich dadurch eine immer größer werdende Zahl von Feinden.
Vor allem im Hause York übte man harsche Kritik an der Politik der Königin. Richard von Cambridge, Herzog von York, der Sohn der Anne Mortimer, sah nun die Zeit gekommen, um seine durchaus legitimen Ansprüche geltend zu machen.* Die ab 1453 immer deutlicher werdende geistige Schwäche des Königs – offenbar ein Erbe seines Großvaters, Karls VI. von Frankreich – bestätigte Richard von York in seinem Vorhaben.
Am 22. Mai 1455 wurden mit der Schlacht von St. Albans die „Rosenkriege" zwischen den Häusern Lancaster und York eröffnet. Während der nächsten fünf Jahre wogte der Kampf zwischen den beiden Parteien hin und her. Auch der kleine Richard und sein Bruder George wurden in die Kämpfe hineingezogen. Gemeinsam mit ihrer Mutter fielen sie den Königlichen in die Hände und wurden wenig später in den Haushalt des Erzbischofs von Canterbury überstellt. Die streitbare Königin Margarethe hatte inzwischen die Unterstützung der Schotten gefunden und rückte mit einem Heer an. In der Schlacht von Wakefield am 30. Dezember 1460 fielen Richard von York, sein Sohn Edmund und mehrere seiner wichtigsten Mitstreiter. Margarethe zog mit ihrem Heer plündernd und wütend Richtung London und nahm blutige Rache an ihren Gegnern. In aller Eile charterte die Herzoginwitwe von York ein Schiff, das ihre beiden kleinen Söhne, George und Richard, in die Niederlande brachte. Von dort wurden sie zu Herzog Philipp nach Burgund gebracht, wo sie in Sicherheit waren.

* Durch seine Mutter stammte er vom 2., durch seinen Vater vom 4. Sohn Eduards III. ab.

Der 19-jährige Bruder der beiden Prinzen, Eduard, führte unterdessen gemeinsam mit seinem Vetter, dem Grafen von Warwick, den Kampf weiter. Sozusagen in letzter Minute gelang ihm im Februar 1461 der entscheidende Sieg gegen das Lancaster-Heer. Die Londoner Bevölkerung atmete auf, als Königin Margarethe und ihr Sohn die Flucht ergriffen.

Unter großem Jubel zogen Eduard von York und Warwick in London ein. Ein wahrer Blumenregen ergoss sich über den jungen Herzog, der in seiner schimmernden Rüstung und auf seinem weißen Pferd wie ein Märchenprinz aussah. Am 4. März rief man ihn zum König von England aus. Doch bevor die glanzvolle Krönung stattfinden konnte, galt es noch eine letzte, blutige Schlacht zu schlagen. Am Palmsonntag des Jahres 1461 wurde im walisischen Towton Margarethes Heer vernichtet. Der Königin gelang erneut die Flucht nach Schottland, während ihr Gemahl Heinrich VI. im Tower gefangen gesetzt wurde. Nun stand dem Beginn der Herrschaft des Hauses York nichts mehr im Wege.

Am 28. Juni 1461 fand in London die prunkvolle Krönung Eduards IV. zum König von England statt. Seine beiden Brüder George und Richard, nunmehr zwölf und neun Jahre alt, waren rechtzeitig aus Burgund nach England zurückgekehrt und wurden mit Herzogstiteln und Vermögenswerten bedacht.

Mit seinen neun Jahren war der kleine Richard, Herzog von Gloucester, ein reicher Mann. Dennoch vergaß Eduard IV. nicht, dass sein Bruder noch ein Kind war und eine Erziehung brauchte. Er vertraute ihn daher der Obhut seines treuesten Beraters, des Grafen Warwick, an. Richard übersiedelte auf die Burg Middleham, wo er die nächsten drei Jahre mit zwei gleichaltrigen Freunden, Francis Lovell und Robert Percy, verbrachte, um jene Bildung nachzuholen, die er wegen der Wirren der vergangenen Jahre versäumt hatte. Auf Middleham lebte auch Warwicks Tochter, Anne Neville, der Richard sehr zugetan war.

Unterdessen übernahm sein königlicher Bruder die Herrschaft über England, beraten oder besser gesagt geleitet vom unentbehrlichen Warwick, dem „Königsmacher". Eduard IV. war 19 Jahre alt, als er König wurde. Er sah sehr gut aus, war ebenso intelligent wie charmant und sprühte nur so vor Lebenslust. Der

junge Herrscher liebte das Vergnügen und die Frauen; er war als Playboy bekannt, was jedoch seiner Beliebtheit beim Volk keinen Abbruch tat. Ausgerechnet sein Liebesleben sollte ihm jedoch, oder besser gesagt seinem Sohn, zum Verhängnis werden. Wieder einmal beeinflusste eine Liebesgeschichte die Politik und die Geschicke eines Landes. So romantisch die Geschichte auch klingt, so fatal war sie letztendlich für das Haus York.
Eduard IV. wusste, was er dem Grafen Warwick zu verdanken hatte und überhäufte ihn daher mit Gunstbeweisen. Mit der Zeit aber ging ihm die Bevormundung durch den um 14 Jahre älteren Warwick auf die Nerven. Dieser hatte auch schon seine, Eduards, Vermählung geplant. Es sollte wieder eine französische Prinzessin sein, um den Frieden mit Frankreich zu sichern. Da die Töchter König Ludwigs XI. zu jung waren, hatte man sich für seine Schwägerin, Bona von Savoyen, entschieden. Nur Eduard IV. spielte nicht mit. Er folgte seinem Herzen und löste damit einen regelrechten Skandal aus.
Es war kurz nach der entscheidenden Schlacht von Towton gewesen, als Eduard in Grafton Regis Halt gemacht hatte und seiner großen Liebe begegnet war. Der Legende nach soll sich ihm in der Nähe einer alten Eiche eine junge Frau zu Füßen geworfen haben, um die Rückgabe ihres Vermögens zu erbitten, das eingezogen worden war, weil ihr verstorbener Gatte für Lancaster gekämpft hatte. Beim Anblick der schönen Bittstellerin war es offenbar bereits um Eduard geschehen. Eigentlich hatte er sich zunächst erhofft, für sein Entgegenkommen die Gunst der Dame zu erhalten. Doch Elisabeth Woodville, so der Mädchenname der jungen Witwe, unter dem sie in die Geschichte einging, wusste genau, was sie wollte. Obwohl er sie jahrelang bedrängte, gab sie ihm nicht nach. Nur wenn er sie heiratete, würde er ihre Gunst erhalten. Elisabeth Woodville muss von einer faszinierenden Schönheit gewesen sein, gepaart mit einer außerordentlichen erotischen Anziehungskraft, dass sie den um fünf Jahre jüngeren König dazu brachte, sie am 1. Mai 1464 in aller Heimlichkeit zu heiraten. Nur die Mutter der Braut, ein Priester und ein Singknabe waren bei der Zeremonie anwesend. Ein halbes Jahr lang hielt Eduard seine Ehe geheim, während Warwick seine französische Heirat plante. Erst im September ließ er die

Bombe platzen. Die Aufregung war groß, zumal die Dame alles andere als standesgemäß war. Sie hatte keinen Tropfen königliches Blut in den Adern und war nicht einmal von hohem Adel. Ihr Vater, Richard Woodville, war ein einfacher Lord Rivers. Außerdem war sie die Witwe eines ehemaligen Lancaster-Ritters, Sir John Grey of Groby, Lord Ferrers, der bei St. Albans 1455 gefallen war, und war bereits Mutter zweier Söhne.

Warwick war enttäuscht, weil Eduard ihn hintergangen hatte. Seine Enttäuschung und sein Groll stiegen in dem Maße, in dem sich die Verwandtschaft der neuen Königin bei Hofe breit machte. Elisabeth Woodville brachte nicht nur ihre beiden Söhne aus erster Ehe, Thomas Grey, Marquis von Dorset, und Richard Grey mit, sondern auch ihren Vater, ihre Onkel, ihre fünf Brüder und sechs Schwestern. Letztere heirateten natürlich alsbald in die höchsten Familien des Landes wie Buckingham, Essex oder Kent ein, während die männlichen Mitglieder des Woodville-Clans hohe und höchste Ämter besetzten, was Anlass zu Neid und Missgunst am Hofe gab bei all jenen, die sich durch die Emporkömmlinge verdrängt fühlten. Allen voran der Graf von Warwick.

In Eduards Bruder, George, Herzog von Clarence, fand Warwick bald einen Verbündeten, während er seinen ehemaligen Schüler, Richard, nicht gewinnen konnte. Dieser übersiedelte infolge des Zerwürfnisses zwischen dem König und Warwick 1465 an den Hof von Westminster, wo er seinem älteren Bruder die Treue hielt. Für seine Loyalität wurde er von Eduard auch zum Constable of England for life ernannt. Diese Auszeichnung schürte noch den Neid des anderen Bruders. Clarence schloss sich daraufhin noch mehr an Warwick an und heiratete heimlich dessen älteste Tochter, Isabelle.

Im Jahre 1469 holten Clarence und Warwick schließlich zum Schlag aus. Sie zogen an der Seite nord- und mittelenglischer Rebellen gegen den König ins Feld. Bei Banbury, nördlich von Oxford, errangen sie am 26. Juli einen klaren Sieg und nahmen Eduard gefangen. Dann aber traf Richard von Gloucester mit seinen Soldaten ein und wendete das Blatt. In der allgemeinen Verwirrung gelang König Eduard die Flucht.

Warwick und Clarence blieb keine andere Möglichkeit, als sich nach Frankreich abzusetzen. Dort aber schmiedeten sie weiter ihre Umsturzpläne. Sie verbündeten sich ausgerechnet mit der verhassten ehemaligen Königin Margarethe und erklärten sich bereit, deren Sohn auf den englischen Thron zu bringen. Um den Handel perfekt zu machen, wurde der 17-jährige Prinz am 25. Juli 1470 mit Warwicks zweiter Tochter, Anne Neville, vermählt. Kurze Zeit später landeten die Verschwörer in England ohne auf Widerstand zu stoßen.

Eduard IV. und Richard von Gloucester sahen sich plötzlich nur noch von Verrätern umgeben und traten nun ihrerseits die Flucht über den Kanal an. Bei ihrem Schwager, Karl dem Kühnen von Burgund, fanden sie Aufnahme und Unterstützung.

Die hochschwangere Königin, Elisabeth Woodville, suchte indes mit ihren drei Töchtern Elisabeth, Mary und Cecily in der Westminster-Abtei Asyl, bevor die Verräter ihrer habhaft werden konnten. Dort brachte sie ihren ersten Sohn zur Welt, der den Namen seines Vaters, Eduard, erhielt.

Inzwischen hatte Warwick den gefangenen Heinrich VI. aus dem Tower befreit und wieder auf den Thron gesetzt. Heinrich war nichts als eine Marionette in den Händen des „Königsmachers", der nun herrschen konnte, da Königin Margarethe und ihr Sohn immer noch in Frankreich waren.

Doch auch Eduard IV. und Richard von Gloucester waren nicht untätig. Mit Hilfe ihres Schwagers Burgund, der ihnen 1200 Mann und 36 Schiffe zur Verfügung stellte, konnten sie am 11. März 1471 zum Gegenangriff übergehen und nach England übersetzen. Doch ihr Unternehmen schien unter keinem guten Stern zu stehen. Heftige Stürme zerstreuten die kleine Flotte in alle Richtungen und bei der Landung fanden sie nichts als Feindseligkeit bei den Küstenbewohnern. Mit 15 Begleitern gelangte das Brüderpaar schließlich nach York, von wo aus sie südwärts zogen. Auf ihrem Weg fanden sie endlich kampfbereite Männer, die sich ihnen anschlossen. Das Zusammentreffen mit Bruder Clarence endete mit einem psychologischen Sieg. Eduard und Richard konnten ihn überzeugen, dass er bei ihnen mehr zu gewinnen habe als bei Warwick. Statt einer Schlacht gab es eine Versöhnung. Auch Warwick, der in London saß, wurde Pardon angeboten, was dieser aber schroff zurückwies.

Elisabeth Woodville (1437–1492)

Wieder war es Richard, der in der Schlacht von Bannet die Entscheidung für York herbeiführte. Warwick fand dabei den Tod, kurz darauf fiel auch der 18-jährige Lancaster-Prinz Eduard. Am 21. Mai 1471 zogen die drei siegreichen York-Brüder wieder in London ein. Genau am selben Tag starb der unglückselige Heinrich VI. in seinem Gefängnis im Tower. Ob es sich dabei um Zufall oder um Mord handelte, wird wohl nicht mehr geklärt werden können. Auf jeden Fall kam der Tod des abgesetzten Lancaster-Königs für Eduard IV. nicht ungelegen. Auch die streitbare Königin Margarethe saß im Gefängnis. Sie wurde einige Jahre später gegen ein hohes Lösegeld an ihren Vater, René von Anjou, ausgeliefert. Das Haus Lancaster war zwar erloschen, die Rosenkriege aber waren damit noch nicht zu Ende.

Kaum zurückgekehrt warteten auf Richard von Gloucester neue Aufgaben. Er sollte im Norden die Schotten in ihre Grenzen verweisen. Bevor er aufbrach aber bat er seinen königlichen Bruder noch um die Erlaubnis zur Heirat mit Anne Neville, der jüngeren Tochter des verfemten Warwick und mittlerweile Witwe des gefallenen letzten Lancaster. Anne und Richard liebten einander seit ihren gemeinsamen Jugendtagen auf Burg Middleham. Jetzt endlich stand ihrer Liebe nichts mehr entgegen. Oder doch?

Eduard IV., der ja selbst eine Liebesheirat eingegangen war, gab sein Einverständnis zu der Verbindung, doch der ewig umtriebige Bruder George, der mit Annes älterer Schwester Isabelle verheiratet war, versuchte sich nun dem Glück der beiden in den Weg zu stellen. Sein Motiv dürfte reine Geldgier gewesen sein. Denn Anne und Isabelle waren die Erbinnen des riesigen Warwick-Vermögens. Doch Clarence hielt offenbar nicht viel vom Teilen. Er nützte Richards Abwesenheit und brachte Anne in seine Gewalt, um sie von der Bildfläche verschwinden zu lassen. Die Liebe aber war stärker. Sie führte Richard zu seiner Herzensdame. Er fand sie als Schankmädchen in einer miesen Spelunke und brachte sie unverzüglich in Sicherheit. Um seine Anne heiraten zu können, überließ er dem Bruder den Großteil des Warwick-Vermögens. Seine Liebe war offenbar so groß, dass er sie auch mittellos nahm. Richard muss ein sehr gütiges Herz gehabt haben und einen Hang zur – im Mittelalter ganz und gar unüblichen – Sentimentalität, denn er erbarmte sich auch der Mutter seiner Gemahlin, die ja durch den Verrat ihres Gatten in Ungnade gefallen und all ihrer Güter beraubt worden war. Er nahm sie in sein Haus auf.

Gemeinsam mit Gemahlin und Schwiegermutter zog sich Richard nun auf Burg Middleham in Yorkshire zurück. Die alte Festung, die einst dem Grafen Warwick gehört hatte, bot zwar nur wenig Komfort, aber umso mehr Erinnerungen. Und Richard scheint ein Nostalgiker gewesen zu sein, denn er liebte diese seine Residenz. Auch das Gebiet von Yorkshire, der Norden überhaupt, lag ihm sehr. Hier fühlte er sich wohl, hier mochten ihn auch die Menschen. Und sie schätzten seine Amtsführung. Richard erwies sich als tüchtiger Verwalter und Administrator und als weiser Richter. Wenn er den wöchentlichen Gerichtstag hielt, war er stets um Gerechtigkeit und salomonische Urteile bemüht. Der Chronist, Dominico Mancini, ein italienischer Mönch, berichtet: »Selten ging er an den Hof, hielt sich lieber in seiner Provinz auf, wo er sich damit befasste, die Menschen durch Gunsterweisungen und durch sein Rechtsgefühl zu gewinnen. Der gute Ruf, der sein Privatleben und seine öffentliche Tätigkeit begleitete, war für die Fremden sehr attraktiv und fand ihre hohe Wertschätzung ... Und auch in Kriegsdingen war er so berühmt, dass, wenn etwas Schwieriges und Gefährliches in der Politik zu unternehmen war, ihm wegen seiner Besonnenheit und Umsicht die Ausführung anvertraut wurde. Auf diese Weise erlangte Richard die Zuneigung des Volkes und vermied den Neid der Königin, von der er weit entfernt lebte.«

Richard und seine Gemahlin genossen das beschauliche Leben auf Burg Middleham, sie hatten beide nicht viel übrig für das ausgelassene und ein wenig verkommene Treiben am Londoner Hof. Ihre ländliche Idylle war vollkommen, als 1473 ein Sohn, Eduard, zur Welt kam. Es sollte das einzige Kind von Richard und Anne bleiben.

Das Bild, das sich uns hier vom späteren Richard III. bietet, unterscheidet sich gänzlich von jenem, das uns Geschichtsschreibung, vor allem aber Literatur, und hier besonders Shakespeares berühmtes Drama, überliefert haben. Der Herzog von Gloucester erscheint keineswegs als böser und skrupelloser Machtmensch. Im Gegenteil vielmehr als einer der letzten Ritter des ausgehenden Mittelalters durch seinen hohen moralischen Anspruch, seine Treue und seine romantische Liebesgeschichte. Auch äußerlich dürfte er keineswegs dem shakespearschen Monster entsprochen haben. Nirgendwo – bis auf eine Quelle, deren Objektivität allerdings anzuzweifeln ist, weil sie aus der Zeit der Tudor-Könige stammt, die bekanntlich sehr darauf bedacht waren, Richard als Bösewicht und Thronräuber dastehen zu lassen, um die eigenen Ansprüche zu unterstreichen – ist von einer körperlichen Verunstaltung des jungen Herzogs die Rede. Keine Spur von einem Buckel oder einer hässlichen Fratze auch auf den zeitgenössischen Porträts. Selbst wenn man berücksichtigt, dass die Maler den Herrschenden geschmeichelt haben, zeigen die Gemälde durchwegs einen ausgesprochen gut aussehenden Richard mit angenehmen, intelligenten Zügen, geraden Schultern und von schlanker Gestalt. Mag sein, dass er – was auf Bildern nicht festzustellen ist – möglicherweise gehinkt hat, denn es wird sehr wohl von einem schwächlichen Knaben berichtet, der durch intensives Training seinen Oberkörper gekräftigt hat. Es ist daher ein rachitisches Leiden – im sonnenarmen England keine Seltenheit – nicht auszuschließen.

Richard fühlte sich im Norden wohl und er kam nur nach London, wenn seine Anwesenheit unbedingt erforderlich war. Im Februar 1477 wurde er wieder einmal nach London gerufen. Kurz zuvor war sein Schwager Karl der Kühne von Burgund gestorben und hatte als einzige Erbin eine Tochter, Maria, hinterlassen, was Ludwig XI. von Frankreich sofort veranlasste, gierig seine Hände nach dem reichen Herzogtum auszustrecken. Marias Stiefmutter, Margarethe von York, schlug in dieser bedrängten Situation vor, ihren seit kurzem verwitweten Bruder, George, mit Maria zu vermählen. Eduard IV. aber lehnte ab. Er wollte es sich mit Ludwig XI. nicht verscherzen und überließ somit Maria und das Herzogtum Burgund Maximilian von Österreich.

George von Clarence war über die Entscheidung seines Bruders enttäuscht und verbittert und machte seinem Groll Luft, indem er gegen Eduard konspirierte und Aufruhr schürte. Irgendwann

Richard III. (1452–1485)

überspannte er schließlich den Bogen, er wurde verhaftet und wegen Hochverrats zum Tode verurteilt. Angeblich gewährte man ihm als Bruder des Königs die Vergünstigung, sich die Art seines Todes selbst zu wählen. Clarence soll sich für ein Fass Süßwein entschieden haben, in dem man ihm am 18. Februar 1478 ertränkte.

Der Herzog war wie sein Bruder, der König, ein Genussmensch gewesen. Auch Eduard liebte gutes Essen und Trinken, was man ihm mittlerweile ansah. Nichts erinnerte mehr an den gut aussehenden Jüngling, der 1461 den Thron von England bestiegen hatte. Eduard IV. war unheimlich fett und unbeweglich geworden, sah jedoch keine Veranlassung seine Essgewohnheiten zu ändern. Der bereits erwähnte Chronist Dominico Mancini schildert die Maßlosigkeit des Königs: »Im Essen und Trinken war er höchst unmäßig. Er hatte, wie ich erfahren habe, die Angewohnheit, ein Brechmittel einzunehmen, nur um das Vergnügen zu genießen, seinen Magen noch einmal voll zu stopfen. Dieses und die Bequemlichkeit, die er besonders nach der Rückeroberung der Krone liebte, hatte ihn in den Hüften fett werden lassen, wohingegen er in früherer Zeit nicht nur groß gewesen war, sondern auch schlank. Er war extrem ausschweifend; und es wurde auch erzählt, dass er sich zu zahlreichen Frauen, nachdem er sie verführt hatte, überaus unverschämt benahm, denn sobald er der Tändelei mit ihnen müde war, überließ er die Damen, sehr gegen ihren Willen, seinen Höflingen. Ohne Unterschied war er hinter den Verheirateten und Unverheirateten, Edel- und Niedriggeborenen her, doch mit Gewalt nahm er keine.« Mit seinen Mätressen – die bekannteste von ihnen war Jane Shore – hatte Eduard auch eine Reihe von Bastarden gezeugt. Königin Elisabeth sah großzügig über die Eskapaden ihres Gemahls hinweg. Sie wusste, dass er sie trotz seiner zahlreichen Seitensprünge immer noch liebte. Beweis dafür waren die zehn Kinder – sieben Töchter und drei Söhne –, die sie ihm im Verlauf ihrer Ehe geboren hatte.

Obwohl erst Anfang 40 war Eduard IV. durch seinen exzessiven Lebenswandel bereits verbraucht. Zu Ostern 1483 erkrankte er an einer Lungenentzündung, nachdem er sich beim Fischen erkältet hatte. Er fühlte wohl, dass ihm nicht mehr viel

Zeit blieb, denn er traf Vorkehrungen für die Zeit nach seinem Tode. Am Sterbebett bestimmte er seinen Bruder Richard zum Reichsprotektor und Vormund seiner beiden unmündigen Söhne, Eduard und Richard*. Mit dieser Maßnahme glaubte Eduard zum Wohle des Landes zu handeln, denn er wusste, dass seine Gemahlin weder im Volk noch beim Adel besonders viele Freunde hatte. Umso beliebter war dagegen sein Bruder, der ihm in den vergangenen Jahren stets treu gedient hatte und dem er völlig vertraute. Er konnte ja nicht ahnen, welche Serie tragischer Ereignisse er mit seiner Entscheidung auslöste. Wenig später, am 9. April 1483, verstarb Eduard IV. im Alter von erst 41 Jahren.

Die Partei der Königin hatte gar keine Freude mit dem letzten Wunsch des verstorbenen Königs und versuchte von Anfang an, Richard von der Macht fern zu halten. Dieser nahm, wie es seine Art war, das Vermächtnis seines Bruders sehr ernst, schien jedoch keinerlei Eile zu haben, sein Amt anzutreten, das ja ohnedies nur ein Jahr dauern sollte, da der kleine König, Eduard V., bereits 13 Jahre alt war und mit 14 ohnedies als volljährig gelten würde.

Die Intrigen der Woodville-Clique aber alarmierten Richard schließlich.

Königin Elisabeth und ihre Berater hatten nämlich ohne Rücksprache mit ihm, dem designierten Protektor, die Krönung Eduards V. für den 4. Mai 1483 festgesetzt. Diese Hast hatte ihren guten Grund: Ein gekrönter König, auch wenn er noch unmündig war, konnte seine Berater selbst wählen. Und dazu würde Richard von Gloucester sicher nicht gehören, denn Eduard V. kannte seinen Onkel so gut wie nicht. Umso vertrauter waren ihm dagegen seine Onkel und Halbbrüder aus der Woodville-Familie. Der Bruder seiner Mutter, Anthony Woodville, Lord Rivers, war auch sein Erzieher. Rivers brach am 24. April 1483 mit einer Eskorte von 2000 Mann von Ludlow mit seinem königlichen Neffen auf, um diesen sicher nach London zu seiner Krönung zu bringen.

* Der dritte Sohn, George, war 1479 im Alter von zwei Jahren gestorben.

Als dies bekannt wurde, setzten sich auch Richard von Gloucester und sein Vertrauter, der Herzog von Buckingham, mit 600 Mann Begleitung von Norden aus in Bewegung. In Northampton wollte man mit dem König zusammentreffen, doch man verfehlte einander. Ob absichtlich oder unabsichtlich, das lässt sich heute nicht mehr feststellen. Richard und Buckingham aber schienen böse Absichten der Woodville-Partei zu vermuten, die das Ziel hatten, ihn, Richard, auszuschalten. Als Anthony Woodville, der sich mit dem König bereits im 14 Meilen entfernten Stony Stratford befand, dann nach Northampton zurückritt, um den Protektor zu begrüßen, hielt dieser es – zu Recht oder zu Unrecht – für Heuchelei. Nachdem er ebenfalls Freundlichkeit gemimt hatte, ließ er in der Nacht den Gasthof, in dem Rivers und seine Begleiter abgestiegen waren, umstellen, während er selbst nach Stony Stratford ritt. Lord Rivers, Richard Grey und Thomas Vaughan, die einflussreichsten Männer aus der Umgebung des jungen Königs, wurden verhaftet und nach Norden in ein sicheres Gefängnis gebracht. Sie wurden später wegen Verschwörung zum Tode verurteilt und hingerichtet.
Kaum waren seine Feinde aus dem Weg geräumt, begannen jedoch für Richard von Gloucester die Schwierigkeiten erst richtig. Er hatte seinen königlichen Neffen mit seiner Aktion vor vollendete Tatsachen gestellt und ihm erklärt, dass von nun an er, Richard, für ihn die Verantwortung trage. Der Junge war darüber alles andere als erfreut und sprach seine Abneigung gegenüber seinem Onkel offen aus. Dieser aber pochte auf das Vermächtnis Eduards IV. und auf seine Pflichten als Protektor.
Bei ihrem Einzug in London wurden sie mit großem Jubel begrüßt. Nur der Königinwitwe war nicht zum Jubeln zumute. Sie hatte sich mit ihren übrigen Kindern in die Westminister-Abtei geflüchtet.
Inzwischen wurde Richard von den Peers als Protektor bestätigt. Von da an begannen alle Erlässe des Königs mit den Worten: »Mit Beistand unseres lieben Onkels, des Herzogs von Gloucester, Schutzherr und Verteidiger dieses unseres Reiches während unserer Minderjährigkeit.« So weit, so gut. Richard hatte getan, wozu er sich laut Testament seines Bruders ver-

pflichtet fühlte, nämlich die Staatsgeschäfte für seinen Neffen bis zu dessen Volljährigkeit zu führen. Kraft seines Amtes hatte er Eduards Krönung auf den 22. Juni 1483 verschoben und sich damit eine kleine Frist gegeben. Denn er muss sich wohl bewusst gewesen sein, dass er mit dem Krönungstag sein Amt verlieren würde. Sein Neffe hasste ihn seit den Vorkommnissen bei Stony Stratford und würde ihn diesen Hass auch spüren lassen. Gleichzeitig lauerte überall die Gefahr des Woodville-Clans und seiner Anhänger.

Richard hatte sich in eine Spirale des Handelns hineinmanövriert, aus der er nicht mehr herauskam. Er stand mit dem Rücken zur Wand, war umgeben von Intrigen und Verrat. Man darf annehmen, dass er, der integre und loyale Herzog von Gloucester, bis jetzt aus hehren Motiven und aus Überzeugung gehandelt hatte. Nun aber gewinnt man den Eindruck, als hätte er begonnen, wie ein in die Enge Getriebener wild um sich zu schlagen, so als würde er sich plötzlich seines Dilemmas bewusst, der ausweglosen Situation, in der er sich befand. Es konnte nur noch heißen: Eduard V. oder er. Richard von Gloucester hatte sich selbst ins Unrecht getrieben.

Um den 10. Juni 1483 bekam Richard Wind davon, dass eine Verschwörung gegen ihn geplant sei. In Anbetracht der gespannten Atmosphäre und des nach Rache dürstenden Woodville-Clans scheint dies sehr wahrscheinlich. Später wird man ihm diese Verschwörung allerdings als Erfindung auslegen, um damit seine Gegner loszuwerden.

Am 13. Juni begab er sich jedenfalls in den Tower, wo eine Beratung für die geplanten Krönungsfeierlichkeiten Eduards V. stattfinden sollte. Als Richard gegen neun Uhr eintraf, machte er einen gelösten und freundlichen Eindruck. Nachdem er die Anwesenden begrüßt hatte, entschuldigte er sich kurz und verließ den Raum. Als er nach einer Stunde zurückkehrte, war er völlig verändert. Zornig fragte er, was mit Verrätern, die es auf sein Leben abgesehen hatten, geschehen solle. Die Versammelten waren sich einig, dass solche Leute eine harte Strafe verdient hätten. Daraufhin zeigte Richard auf Lord Hastings, einen seiner ehemaligen Anhänger, rief »Verrat« und ließ ihn von den auf dieses Stichwort hereinstürzenden Wachen festnehmen und sofort exekutieren. Lord Stanley und Bischof Ely kamen mit dem Leben davon, landeten aber im Kerker.

Hastings und die beiden anderen waren auf die Seite der Königinwitwe übergewechselt, ob sie tatsächlich ein Komplott geplant hatten, lässt sich nicht mehr feststellen.

Als Nächstes zwang Richard die Königin ihm ihren zweiten Sohn, den neunjährigen Richard, auszuliefern. Elisabeth tat dies, als man ihr für seine Sicherheit garantierte. Der kleine Richard wurde gemeinsam mit seinem Bruder, dem König, im Tower unter die Aufsicht einer Vertrauensperson des Protektors gestellt. Kurz darauf wurde die Krönung Eduards V. zur allgemeinen Überraschung abgesagt.

Stattdessen hielt der Bürgermeister von London, Dr. Sha, an diesem Tag eine Aufsehen erregende Rede, in der er den verstorbenen König der Bigamie bezichtigte.

Bevor Eduard IV. die Ehe mit Elisabeth Woodville eingegangen sei, habe er nämlich einer gewissen Eleanor Butler ein Eheversprechen gegeben, was nach damaliger Rechtsauffassung ein Hindernis für die Eheschließung mit einer anderen Frau bedeutete. Eleanor Butler war die Tochter von John Talbot, dem Grafen von Shrewsbury, und Witwe von Sir Thomas Butler. Wie Elisabeth Woodville war auch sie zu König Eduard gekommen, um die Rückstellung ihrer Ländereien zu erbitten, die beim Tode ihres Gatten eingezogen worden waren. Der sinnenfreudige Eduard verliebte sich augenblicklich in die um sieben Jahre ältere, aber äußerst anziehende Eleanor. Sie aber war zu tugendhaft, um seine Geliebte zu werden, sodass er ihr in seiner Leidenschaft die Ehe versprach. Das feierliche Verlöbnis soll in kleinem Kreise vor Bischof Stillington stattgefunden haben, wie dieser nun 1483 vor dem Kronrat zu Protokoll gab. Möglicherweise hatte auch der Herzog von Clarence von dieser Vorehe seines Bruders gewusst, was den Eifer der Woodville-Partei erklärt, ihn 1478 aufs Schafott zu bringen. Da Eleanor Butler erst 1468 starb, hatte Eduard IV. also vier Jahre lang in Bigamie gelebt. Und da er und seine Gemahlin verabsäumt hatten, danach ihr Ehegelöbnis zu erneuern, waren ihre Kinder damit unehelich geboren.

Richard nahm die Aussage von Robert Stillington, seines Zei-

Eduard V. (1470–1483)

chens Bischof von Bath und Wells, zum Anlass, seine Neffen für illegitim zu erklären und Eduard V. abzusetzen.

Wenige Tage später am 26. Juni 1483 empfing Richard den Huldigungseid der Lords und am 6. Juli fand die feierliche Krönung Richards III. unter dem Jubel der Bevölkerung statt. Die Anwesenheit des Großteils der englischen Aristokratie bewies die breite Anerkennung, die Richard offensichtlich genoss.

An seinem großen Tag trug er ein prachtvolles goldgewirktes blaues Wams mit Kienapfelmuster, darüber einen langen Mantelrock aus Purpursamt, der mit Hermelin gefüttert war. Königin Anne stand ihm an Pracht um nichts nach, als sie in einer Pferdesänfte durch die Stadt getragen wurde.

Richard erwies sich als guter König mit hehren Vorsätzen, für die er die Unterstützung des Parlamentes fand. Er sagte der herrschenden Korruption den Kampf an, reduzierte das Hofpersonal, sorgte für ein verbessertes Almosenwesen und für eine Unterstützung Sozialschwacher. Außerdem ordnete er eine angemessene Entlohnung der Dienstboten an. Durch seine Maßnahmen, seinen untadeligen Lebenswandel und seinen hohen moralischen Anspruch war Richard III. in vielerlei Hinsicht ein geradezu vorbildlicher König. Seine einzige Schwäche war ein Hang zur Prachtentfaltung, vor allem bei seiner Garderobe. Dies beweist eine Lieferanweisung an den königlichen Garderobier aus dem Jahre 1483: »Ein Wams aus Purpursatin, gefüttert mit holländischem Tuch und mit Fischbein gesteift; ein Wams aus rotbraunem Satin, in gleicher Weise gefüttert; zwei kurze Mantelröcke aus golddurchwirktem Karmesintuch, der eine mit Quasten und der andere mit grünsamten unterlegten Filets; einen Brustlatz aus Purpursatin, einen anderen aus rotbraunem Satin; einen Mantel mit doppelt gelegtem Samtcape, der Bug mit schwarzem Samt abgesetzt; drei Paar kurze Sporen, alle vergoldet; drei Wappenschilde für uns, mit feinem Gold beschlagen ...« Richards Wappentier war übrigens ein weißer Eber mit dem Wahlspruch »Loyauté me lie«.

Das Land, das Richard III. für kurze Zeit regierte, war damals im Vergleich zu anderen europäischen Ländern ein blühendes Land. Die »Rosenkriege« hatten die Bevölkerung kaum betroffen, sodass sich wie immer in Friedenszeiten ein wirtschaftlicher

Aufschwung einstellen konnte. Die Menschen hatten genug zu essen und gute Wollstoffe für ihre Kleidung.
Etwa 50 000 der insgesamt 2,5 Millionen Einwohner Englands lebten in der Hauptstadt London. Ein Leben, das allerdings nicht besonders angenehm war, wenn man nicht gerade in einem der Adelshäuser entlang der Themse lebte. Die Straßen waren eng und dreckig, die Häuser klein und überall stank es entsetzlich nach Unrat, sodass sich höher gestellte Persönlichkeiten, wenn sie durch die Straßen von London gehen mussten, stets ein mit Essenzen getränktes Tüchlein vor die Nase hielten.
Erasmus von Rotterdam schrieb über die damaligen Wohnverhältnisse: »Die Böden sind fast immer aus Lehm mit Binsenstroh darüber, das immer wieder neu aufgeschüttet wird, so dass was darunter liegt einige 20 Jahre bleibt: Auswurf, Erbrochenes, Dreck von Hunden und Menschen, verschüttetes Bier und Fischreste und anderer unsäglicher Schmutz. Das bildet, wenn das Wetter umschlägt, einen Dampf, der meines Erachtens für den menschlichen Körper nicht gesund ist.« Bei solch katastrophalen sanitären Verhältnissen war es kein Wunder, dass die Lebenserwartung bei etwa 30 Jahren lag und ein Drittel der Kinder vor dem fünften Lebensjahr starb.
Richard III. war 30, als er sich die Krone Englands aufs Haupt setzte. Lange sollte er sich allerdings nicht darüber freuen dürfen. Nach dem ersten Schock begannen sich seine Feinde zu formieren. Schon während seiner ersten Huldigungsreise in den Norden ereilte ihn die Nachricht von einem Aufstand im Süden des Landes, an dem neben Sir Richard Woodville, einem Bruder der Königin, auch sein Schwager Sir Thomas St. Leger* und zu seiner Enttäuschung auch der Herzog von Buckingham teilnahm, der die Seiten gewechselt hatte, offenbar weil er sich seit der Absetzung Eduards V. als Abkömmling des 5. Sohnes von Eduard III. selbst Chancen auf die Krone ausrechnete. Diesmal konnte Richard III. den Aufstand noch niederwerfen. Die Anführer der Rebellion flüchteten in die Bretagne. Buckingham

* Er war mit Richards ältester, 1476 verstorbener, Schwester, Anne, verheiratet gewesen.

und St. Leger aber fielen dem König in die Hände und wurden am 2. November wegen Hochverrats in Salisbury hingerichtet.
Richards Gegner hatten einen starken Verbündeten in Heinrich Tudor, einem Abkömmling des Hauses Lancaster, der sich im sicheren Exil in der Bretagne befand. Heinrich Tudor entstammte mütterlicherseits der legitimierten Bastardlinie Beaufort, väterlicherseits war er der Enkel von Katharina von Valois und ihrem zweiten Gemahl Owen Tudor. Seine Ansprüche auf den englischen Thron standen also auf sehr wackeligen Beinen. Dennoch fand er in der Woodville-Partei eine große Anhängerschaft und die Königinwitwe, die sich immer noch im Asyl in der Westminister-Abtei befand, versprach ihm sogar ihre Tochter Elisabeth.
Von nun an hörten die Probleme für Richard III. nicht mehr auf. Am 9. April 1484 starb sein einziger Sohn, den er im Jahr zuvor zum Prinzen von Wales hatte krönen lassen, im Alter von erst elf Jahren. Der Schmerz des Königs und seiner Gemahlin war ergreifend. Trotzdem musste ein neuer Nachfolger bestimmt werden. Zunächst einigte man sich auf Eduard, Graf von Warwick, den Sohn des hingerichteten Herzogs von Clarence, dieser war jedoch geistig zurückgeblieben. Daher wurde bald darauf ein anderer Neffe des Königs, Johann de la Pole, der Sohn seiner Schwester Elisabeth und Johann de la Poles, des Herzogs von Suffolk, als Erbe bestimmt.
Allerdings schien auch die Königinwitwe Elisabeth Woodville nun wieder Chancen für ihre Söhne zu wittern, denn sie verließ am 1. März 1484 mit ihren Töchtern das Asyl von Westminster, nachdem ihr Richard sein Königswort für die Sicherheit der Mädchen gegeben hatte. Gerüchten zufolge hatte sie noch einen anderen Grund: Königin Anne war kränklich und würde keine Kinder mehr bekommen. Man murmelte daher, Richard wolle sie loswerden, um seine Nichte Elisabeth zu heiraten, die ja Heinrich Tudor versprochen war. Königin Anne starb im März 1485 – wahrscheinlich an Tuberkulose – doch Richard, der um seine Gemahlin ehrlich trauerte, machte keinerlei Anstalten, Elisabeth von York zu heiraten.
Es gab allerdings noch ein anderes, viel schwerwiegenderes Gerücht um den König von England: Er habe seine beiden Nef-

fen, die sich seit dem Frühjahr 1483 im Tower befanden, ermorden lassen. Bis heute ist das Rätsel um die »Knaben im Tower« nicht gelöst. Bis heute weiß man weder wann noch wie sie gestorben sind noch wo ihre Leichen geblieben sind. Dafür gibt es jede Menge Gerüchte und Theorien. Sie sollen auf Befehl Richards in ihren Betten mit Kissen erstickt worden sein. Sodann habe man ihre Leichen am Fuße einer Treppe verscharrt. Doch auch andere Namen werden als Mörder genannt: der Herzog von Buckingham und Heinrich Tudor. Auch sie hätten durch das Verschwinden der Knaben einen Vorteil gehabt bei ihren Ambitionen auf den Thron.

Die Mordgeschichten werden allerdings durch die verbürgten Überlieferungen relativiert, dass der 13-jährige Eduard V. an einer chronischen Knochenkrankheit des Kiefers gelitten habe, die durchaus zu seinem vorzeitigen Tode geführt haben könnte. Außerdem grassierte um diese Zeit das Schweißfieber in London, dem sie zum Opfer fallen hätten können.

Mysteriös bleibt jedoch, dass niemals eine offizielle Meldung vom Tod der Knaben verlautbart wurde. Sie waren ab irgendeinem Zeitpunkt einfach verschwunden. Erst 200 Jahre später, im Jahre 1674, fanden Bauarbeiter im Tower unter dem Fundament einer Treppe eine Holzkiste mit menschlichen Gebeinen. Da der damalige König, Karl II., aufgrund der Überlieferungen annahm, es handle sich um die Überreste der York-Prinzen, ließ er sie in einem weißen Marmorsarg in der Westminster-Abtei bestatten. Im Jahre 1933 öffneten Historiker gemeinsam mit Medizinern den Sarg, um die Gebeine zu untersuchen. Man stellte fest, dass sie von zwei Knaben im Alter von etwa zwölf und neun Jahren stammten, die vermutlich Brüder gewesen waren. Außerdem habe der eine an einer Knochenerkrankung des Kiefers gelitten. Mittlerweile werden diese Untersuchungen wieder angezweifelt, aus Gründen der Pietät will man jedoch von einer neuerlichen Exhumierung Abstand nehmen.

Richard III. aber hatte wohl bald andere Sorgen als sich um die Gerüchte zu kümmern, die ihm den Mord an seinen Neffen unterstellten. Denn Heinrich Tudor schickte sich an, nach England überzusetzen und Anspruch auf den Thron von England zu erheben. Richard hatte bereits Vorkehrungen zur Verteidigung getroffen, nun wartete er auf Burg Nottingham auf seinen Herausforderer. Endlich, am 24. Juli 1485, erreichte ihn die Nachricht, dass Heinrich Tudors Schiffe zum Auslaufen bereit waren.

Am 7. August landete der Tudor mit 2000 bis 3000 Soldaten in Milford Haven in Wales. Er trat als rechtmäßiger König auf, der den Usurpator vertreiben wollte. Zwar fand er keinen Zulauf, was ihn zunächst irritierte, andererseits stieß er auf seinem 270 km langen Marsch aber auch nicht auf Widerstand. So gelangte er bis nach Bosworth, wo ihn Richard III. mit seinen Truppen erwartete.

Am 22. August 1485 begann die Schlacht von Bosworth, die einen entscheidenden Wendepunkt in der Geschichte Englands darstellen sollte.

Zwar setzten sich einige von Richards Anhängern in letzter Minute ab, doch war es tatsächlich Verrat, der die Schlacht entschied? Eine ganze Reihe Getreuer wie Norfolk, Percy, Ferrers, Lovell, Stafford, Northumberland und Surrey kämpften und starben für Richard III. Er schien jedoch während der Schlacht, als er in Bedrängnis geriet, den Eindruck zu haben, alle hätten ihn verlassen. Wie wild stürzte er sich daraufhin ins Gemetzel, um wenig später tödlich verwundet zusammenzusinken.

Sir William Stanley ergriff Richards Helm mit der Krone darauf und krönte Heinrich Tudor auf offenem Feld symbolisch zum König von England.

Wie einen gemeinen Verbrecher, als wäre er niemals König gewesen, warf man Richards Leichnam auf ein Pferd und bestattete ihn ohne jede Ehrenbezeugung in der Kirche von Leicester. Später ließ ihm sein Nachfolger ein Grabmal errichten, das jedoch während der Revolutionswirren zerstört wurde. Die Gebeine Richards III. landeten damals im Fluss Soar.

Am 30. Oktober 1485 fand die feierliche Krönung Heinrich Tudors zum König Heinrich VII. von England statt. Im darauf folgenden Januar vermählte er sich mit Elisabeth von York, der Tochter Eduards IV. und Schwester des verschwundenen Eduards V., und begründete mit ihr die Dynastie der Tudors. Doch auch er, der ja eigentlich keinen Thronanspruch hatte, musste noch viele Jahre lang seine Krone verteidigen. Reihenweise schickte er – ebenso wie später sein Sohn Heinrich VIII. und seine Enkelinnen Maria Tudor und Elisabeth I. – seine Rivalen aufs Schafott. Mit dem Tode Richards III. aber war in England nicht nur das Mittelalter zu Ende gegangen, sondern auch die Epoche der Thronraube im Hause Plantagenet.

Mord im Hause Medici

Isabella von Medici und Eleonora von Toledo

In der Nacht auf den 6. Januar 1537 lud Lorenzino de' Medici seinen Vetter, Herzog Alessandro, zu sich in seine Wohnung. Es war die Zeit des Karnevals, man hatte bereits reichlich getrunken und nun verlangte es den als Wüstling bekannten Herrscher von Florenz nach weiblicher Gesellschaft. Lorenzino ging, angeblich um eine »Dame« zu holen. Doch als er wiederkam, war er in Begleitung eines Mordgehilfen. Die beiden Männer stürzten sich auf den stockbetrunkenen Herzog und stießen ihm ihre Dolche in den Leib. Schließlich zogen sie ein Laken über den blutigen Leichnam und legten einen Zettel darauf mit der Aufschrift »Möge die Vaterlandsliebe die Ruhmsucht besiegen!«. Dann flohen sie nach Venedig.

Für Lorenzino de' Medici war die an seinem Verwandten begangene Bluttat also eine vaterländische Pflicht gewesen. Er hatte Florenz und die Toskana von einem Tyrannen befreit. Viele aus ihrer Heimatstadt vertriebene Florentiner, vor allem die Republikaner, feierten ihn dafür. Wenn er jedoch damit spekuliert hatte, als der nächste in der Familienhierarchie Alessandro als Herzog der Toskana nachzufolgen, dann hatte er sich allerdings verrechnet. Denn ein anderer Vetter, wie er dem jüngeren Medici-Zweig entstammend, war schneller und bootete ihn gewissermaßen aus.

Geschickt nützte Cosimo de' Medici die Verwirrung nach der Ermordung Alessandros, des letzten männlichen Vertreters der älteren Medici-Linie*, um sich des Thrones zu bemächtigen. Überraschenderweise sprach sich auch der Senat von Florenz für Cosimo als neuen Herzog der Toskana aus, nicht zuletzt deshalb, weil er im Gegensatz zu dem immer noch in Venedig weilenden Lorenzino verfügbar war.

Cosimo I. wurde zum Begründer einer neuen Dynastie, gleichzeitig aber war er auch der letzte Vertreter seines Hauses, der all jene Eigenschaften in sich vereinigte, die den kometenhaften Aufstieg der Medici erst ermöglicht hatten: Tatkraft und Energie, Autorität und Durchsetzungsvermögen. Obwohl die Familie noch 200 Jahre lang weiterbestand, sollte schon unmittelbar nach Cosimos Tod der Niedergang des Hauses Medici einsetzen.

Vorerst aber standen die Zeichen noch auf Höhenflug. Wer geglaubt hatte, der 18-Jährige würde eine fügsame Marionette des Senats abgeben, der wurde eines Besseren belehrt. Kraftvoll und entschlossen nahm Cosimo I. die Zügel in die Hand und stellte sich jeder Herausforderung seiner Feinde. Bravurös besiegte er mit seinen Männern das republikanische Heer, das Piero Strozzi und Bernardo Salviati gegen ihn führten. Der neue Herzog griff hart durch und ging mit seinen Gegnern nicht gerade zimperlich um. Viele wurden aus der Stadt verbannt oder ins Gefängnis geworfen. Die Strafen waren rigoros. Es gab zahlreiche Hinrichtungen, die zur allgemeinen Abschreckung öffentlich stattfanden.

Cosimo I. erwarb sich dadurch bald den Ruf eines strengen Herrschers, in dem viele die Personifikation von Macchiavellis »Fürsten« sahen. Dennoch war das Volk, das die zügellose Tyrannei eines Alessandro de' Medici kennen gelernt hatte, alles andere als unzufrieden mit seinem jungen Souverän. Man erkannte und schätzte seine Tüchtigkeit. Und tüchtig war dieser Cosimo wirklich. Unter seiner Herrschaft blühte Florenz neu auf, wirtschaftlich wie kulturell, und das geeinte Herzogtum begann nun auch politisch in Europa mitzuspielen.

---

* Der einzige noch lebende Spross des älteren Medici-Zweiges war Katharina von Medici, die Tochter des 1519 verstorbenen Herzogs von Urbino, die jedoch seit drei Jahren mit dem späteren Heinrich II. von Frankreich verheiratet war.

Cosimo I. (1519–1574)

Zunächst bemühte sich Cosimo I. um eine Annäherung an den Kaiser. Er bat Karl V. um die Hand seiner illegitimen Tochter, Margarethe*, der Witwe des ermordeten Alessandro de' Medici. Doch er wurde abgewiesen. Margarethe heiratete einen anderen Italiener: Ottavio Farnese von Parma. Als Entschädigung erhielt Cosimo immerhin die Anerkennung seines Herzogstitels durch den Kaiser.

Der Medici grübelte nicht lange über die erlittene Abfuhr, sondern sah sich eben nach der »zweitbesten« Partie um. Er fand sie in Eleonora von Toledo, der Tochter des Vizekönigs von Neapel. Eleonora war von exquisiter, vielleicht ein wenig kühler Schönheit, drei Jahre jünger als Cosimo, klug und gebildet und vor allem reich. Die Hochzeit fand am 29. März 1539 statt.

Der Florentiner hatte gut gewählt. In ihren prächtigen Kleidern gab Eleonora eine ungemein repräsentative und würdige, wegen ihrer Distanziertheit anfangs jedoch wenig populäre Herzogin ab. Mit ihrer tiefen Frömmigkeit und ihrer Mildtätigkeit aber eroberte sie mit der Zeit die Herzen ihrer Untertanen. Cosimo liebte und verehrte seine schöne Frau und die Ehe verlief ausgesprochen harmonisch. In den 23 Jahren ihres Bestehens kamen elf Kinder zur Welt: Maria, Francesco, Isabella, Giovanni, Lucrezia, Pedricco, Garzia, Antonio, Ferdinando, Anna, Pietro. Sieben von ihnen starben zum großen Kummer ihrer Eltern frühzeitig. Und im Jahre 1562 hielt der Tod erneut reiche Ernte im Hause Medici. Ende des Jahres wurden während einer Reise nach Pisa innerhalb weniger Tage hintereinander die Söhne Giovanni und Garzia sowie ihre Mutter, die Herzogin, vom Sumpffieber hinweggerafft.

Für Cosimo I. bedeutete der Verlust der geliebten Gattin einen schweren Schlag, über den er nie wirklich hinwegkommen sollte. Er verlor seine legendäre Kraft und viel gerühmte Aktivität. Von nun an ließ er sich gehen, überließ ab 1570 die Staatsgeschäfte weitgehend seinem ältesten Sohn, Francesco, und suchte Ablenkung in zahlreichen Affären. Seine letzte Geliebte hieß Camilla Martelli. Sie gebar ihm 1568 eine Tochter namens Virgi-

---

* Kind aus der Verbindung des Kaisers mit Johanna van der Gheenst

nia, die später in das Haus Este-Modena einheiratete und deren Nachkommen unter anderem auf die Throne von Spanien, England, Sardinien, Italien und Bayern gelangten. 1570, unmittelbar nach seiner Krönung zum Großherzog der Toskana, ehelichte Cosimo I. seine Geliebte. Sehr zum Missfallen seiner Kinder. Die einfache, ungebildete und gelegentlich auch etwas zänkische Camilla aber war Cosimo eine gute Frau. Sie pflegte ihn nach einem Gehirnschlag jahrelang bis zu seinem Tode 1574.
Von Cosimos Kindern aus seiner Ehe mit Eleonora von Toledo waren damals noch vier am Leben: Francesco, Isabella, Ferdinando und Pietro. Drei von ihnen lebten am Hof von Florenz: Francesco, der neue Großherzog, seine Schwester Isabella und sein jüngster Bruder, Pietro. Ferdinando war schon seit seinem 14. Lebensjahr Kardinal in Rom, von wo er mit Missbilligung das skandalöse Treiben daheim verfolgte. Denn unter der Regierung seines Bruders wurde der Medici-Hof zum Schauplatz von sittlich-moralischem Verfall, von Gewalt, Verrat und Mord.
Francesco I. war ein intelligenter, jedoch verschlossener, wissenschaftlich interessierter Mann. Was ihm fehlte, war das politische Talent seines Vaters. Unter Francesco machten sich daher bald Misswirtschaft und Korruption in Politik und Verwaltung breit, die mit einer erschreckenden moralischen Verderbtheit am Hofe und in der florentinischen Gesellschaft einhergingen. Der Großherzog selbst ging als schlechtes Beispiel voran. Er vernachlässigte seine Gemahlin nicht nur schändlich, sondern er betrog sie auch schamlos vor den Augen der ganzen Welt.

Eines der großen politischen Ziele seines Vaters war die Verbindung des Hauses Medici mit einer der alteingesessenen europäischen Dynastien gewesen. Seit 1561 hatten die florentinischen Gesandten am Kaiserhof in dieser Angelegenheit sondiert und vorgesprochen. 1565 war es dann so weit. Kaiser Maximilian II. erklärte sich einverstanden, seine jüngste Schwester, die damals 18-jährige Erzherzogin Johanna, nach Florenz zu verheiraten. Es war wohl das Geld der Medici, das ihm die Entscheidung erleichtert hatte. Geld, das man im Kriegsfall immer gut gebrauchen konnte. Für Cosimo dagegen war es das Prestige, das bei dieser Verbindung zählte. Prestige war allerdings beinahe der einzige Vorzug, den Johanna von Österreich vorweisen konnte, denn sie war weder schön noch klug und auch nicht liebenswert. Mit ihrer bleichen Haut, den wässrig blauen Augen und der wulstigen, hervorspringenden Unterlippe war sie alles andere als anziehend. Auch ihr mürrisches Wesen und ihr hochmütiges und dünkelhaftes Auftreten waren wenig einnehmend. Johanna rümpfte die Nase über diese »Mésalliance«, die man hier für sie, eine stolze Habsburgerin, mit dem Spross einer ehemaligen Bankiersfamilie ausgehandelt hatte.

Cosimo I. aber hofierte seine Schwiegertochter und fuhr allen Prunk auf, um sie zu beeindrucken und zu erfreuen. Er war mächtig stolz, endlich mit einer der großen europäischen Dynastien verschwägert zu sein. Mit entsprechender Prachtentfaltung wurde daher die Hochzeit am 15. Dezember 1565 in Florenz begangen.

Der Bräutigam allerdings war im Gegensatz zu seinem Vater nur sehr mäßig engagiert bei der Sache. Das hatte seinen Grund: Francesco war seit einem Jahr leidenschaftlich in die schöne Venezianerin Bianca Cappello verliebt und machte auch kein Hehl daraus. Noch weniger, als er seine Gemahlin zu Gesicht bekam. Weder mit ihrer Erscheinung noch mit ihrer Art konnte Johanna auch nur annähernd mit Bianca in Konkurrenz treten. Sie war von Anfang an chancenlos gegen die Rivalin und musste sich vom Tage ihrer Hochzeit mit einer ménage à trois abfinden. Kein Wunder, dass die Habsburgerin immer griesgrämiger, verbitterter und unleidlicher wurde. Die Szenen, die sie ihrem untreuen Gemahl lieferte, machten sie in dessen Augen auch nicht liebenswerter. Ebenso fruchtlos erwiesen sich Johannas Klagen, die sie ständig an ihren kaiserlichen Bruder richtete. Denn der stellte sich einfach taub. Schließlich blieb der bedauernswerten Frau nichts anderes übrig, als sich in echter Habsburgerinnenmanier mit der größtmöglichen Würde mit ihrem Schicksal abzufinden. Dabei dürfte es ihr wohl nur ein geringer Trost gewesen sein, dass sie 1574 nach dem Tode Cosimos I. den Titel einer Großherzogin trug.

Aber sowohl Johanna als auch Francesco kannten offensichtlich ihre dynastischen Pflichten, denn trotz gegenseitiger Abneigung setzten sie nicht weniger als sieben Kinder in die Welt. Aller-

Johanna von Österreich (1547–1578)

dings, und auch dies vergrößerte die Tragik der Habsburgerin noch zusätzlich, gebar Johanna ein Mädchen nach dem anderen. Von den sechs Töchtern überlebten nur zwei: Eleonora, die spätere Herzogin von Mantua, und Maria, die künftige Gemahlin Heinrichs IV. von Frankreich. Erst 1577, nach 12-jähriger Ehe, schenkte sie dem ersehnten Erben, Filippo, das Leben. Nach derart erledigter Pflicht durfte die ungeliebte Großherzogin 1578 dahinscheiden, ohne dass ihr jemand eine Träne nachgeweint hätte.

Das Schicksal der Johanna von Österreich war zweifellos unsagbar traurig. Aber, so zynisch dies auch klingen mag, sie durfte wenigstens eines natürlichen Todes sterben. Denn man war nicht zimperlich am Hofe zu Florenz, wenn es darum ging, eine ungeliebte Gemahlin loszuwerden.

Die 1542 geborene Isabella überlebte als Einzige der drei Medici-Töchter ihre Eltern, Cosimo und Eleonora. Ihre ältere Schwester, Maria, war 1557 gestorben, wenige Monate vor ihrer Vermählung mit Alfonso d'Este, dem Herzog von Ferrara. An ihrer Stelle hatte man ihm dann die jüngere, Lukrezia, gegeben. Doch auch ihr war kein langes Leben beschieden. Sie starb nach nur dreijähriger Ehe im Alter von erst 17 Jahren.

Isabella war Cosimos erklärte Lieblingstochter. Sie hatte offenbar die Schönheit ihrer Mutter geerbt und wird nicht nur als bezaubernde Erscheinung, sondern auch als kultiviert und geistvoll beschrieben. Es gab sogar Gerüchte über eine inzestuöse Beziehung zwischen Vater und Tochter.

Der zeitgenössische Beobachter Francesco Settimanni berichtet darüber in seinen »Memorie fiorentine«: »In der ganzen Stadt sprach man davon, dass jene Dame [Isabella] die Geliebte des Herzogs, ihres Vaters, war. Man erzählte sich, dass Giorgio Vasari eines Tages im Sommer 1557, an einem heißen Nachmittag, als er gerade an der Decke des Palastes arbeitete, sah, wie sich der Herzog, der sich unbeobachtet wähnte, in eindeutiger Weise seiner Tochter näherte. Um nicht entdeckt zu werden, zog sich der Maler zurück und wagte an diesem Tag nicht mehr seine Arbeit fortzusetzen.«

Isabella war gerade 15 Jahre alt, als man sie am 29. Januar 1557 mit Paolo Giordano Orsini, dem Herzog von Bracciano, vermählte. Die eigentliche Übergabe der Braut an ihren Gatten und damit der Vollzug der Ehe fanden jedoch erst im September 1558 statt. Paolo war zweifellos eine hervorragende Partie, zählten doch die Orsini neben den Colonna zu den mächtigsten Familien Roms, die auch schon einige Päpste gestellt hatten. Da die Medici seit jeher gute Kontakte mit den Orsini pflegten und schon mehrmals untereinander geheiratet hatten, wollte natürlich auch Cosimo I. diese Tradition fortsetzen.

Paolo Giordano war fünf Jahre älter als seine Frau und ein sehr schwieriger Charakter. Er war grobschlächtig, schwerfällig, unkultiviert und brutal. Sein Aussehen passte zu seinem Wesen: Er war groß und feist, hatte rotes Haar und einen grimmigen Gesichtsausdruck. Wenn er wenigstens vermögend gewesen wäre und Isabella den Luxus hätte bieten können, den sie gewohnt war. Aber Paolo war zu alledem auch noch ständig in finanziellen Schwierigkeiten, sodass Isabella immer wieder bei ihrem Vater um Geld betteln musste.

Angesichts dieses Gatten wird sich die verwöhnte junge Frau wohl glücklich geschätzt haben, dass ihn die Kriege Kaiser Ferdinands I., in dessen Diensten er kämpfte, sehr oft und für sehr lange von daheim fern hielten. Hinzu kam auch noch die eine oder andere Mission, die ihm der Schwiegervater übertrug, sodass Isabella nicht allzu oft durch seinen Anblick behelligt wurde. 1565 etwa erteilte ihm Cosimo den Auftrag, Johanna von Österreich nach Florenz zu geleiten, eine sehr ehrenvolle Aufgabe, die gewiss mehrere Wochen in Anspruch nahm.

Auf Schloss Bracciano, ihrem Wohnsitz in der Nähe von Rom, war Isabella so gut wie nie anzutreffen. 1560 kam sie zum ersten Mal gemeinsam mit ihren Eltern dorthin, doch sie fühlte sich in dem alten Gemäuer abseits jeder Gesellschaft nicht wohl, sodass sie bald wieder nach Florenz zurückkehrte. Sehr zur Freude ihres Vaters, der nach dem Tode seiner Gemahlin die Gesellschaft der Tochter umso mehr schätzte. Isabella wurde zum Mittelpunkt des florentinischen Hofes. Wegen ihrer Schönheit und Klugheit wurde sie »der Stern des Hauses Medici« genannt. Sie war eine typische Medici, glänzte mit ihrer hohen Bildung, liebte die Kunst ebenso wie vergnügliche Feste, Musik und Maskenbälle. Ein Zeitgenosse schwärmte von ihr: »Unter all den Frauen jener Tage trat sie durch Witz, Schönheit und Begabung besonders hervor. Alle Herzen flogen ihr zu – nur das ihres Gatten nicht. Als eine Frau, die Französisch, Spanisch und Lateinisch beherrschte, die musizierte und reizend sang, die dichtete und durch Stegreifpoesien zu unterhalten verstand, war sie die Seele ihrer Umgebung – der lichteste Stern unter allen Medici«.

Die Ankunft Johannas von Österreich in Florenz stellte für Isabella ebenso wenig eine Konkurrenz dar wie für Bianca Cappello. Nicht nur neben der Geliebten ihres Gemahls, auch neben dessen Schwester musste die Habsburgerin zwangsläufig verblassen und man darf annehmen, dass sich die beiden auch temperamentsmäßig so unterschiedlichen Frauen nur wenig zu sagen hatten. Während Johanna schmollte, genoss Isabella ihr Leben und ihre Freiheit.

Ihr Gemahl kämpfte inzwischen (1566) in der Adria erfolgreich gegen die Türken. Als er nach Rom zurückkehrte, forderte er seine Frau auf zu ihm zu kommen, doch Isabella blieb lieber in Florenz. Erst vier Jahre später traf sie an der Seite ihres Vaters in der Ewigen Stadt ein, als dieser am 5. März 1570 zum Großherzog gekrönt wurde. Sie genoss damals sichtlich den Prunk, mit dem Cosimos Einzug gefeiert wurde. Ihre gemeinsame Zeit mit dem Gatten in Rom war allerdings nur kurz bemessen, denn schon im darauf folgenden Jahr wurde Paolo erneut gegen die Türken in die Schlacht geschickt. Er kämpfte an der Seite des berühmten illegitimen Sohnes von Kaiser Karl V., Don Juan de Austria, als dieser im Oktober 1571 bei Lepanto einen großen Sieg errang.

Im Triumph kehrte Paolo Giordano in die Heimat zurück und wurde für seine Leistungen zum General der italienischen Infanterie ernannt. Wenige Monate später zog er zum nächsten kriegerischen Unternehmen aus. Man darf annehmen, dass Isabella nicht versuchte ihn zurückzuhalten. Erst im März 1573 sahen sich die Eheleute in Florenz wieder.

Zu diesem Zeitpunkt war Isabella bereits dreifache Mutter, und das trotz der häufigen Abwesenheit ihres Gemahls. 1560 war die Tochter Eleonora zur Welt gekommen, 1571 Isabella, die jedoch

Isabella von Medici (1542–1576)

nur ein Jahr alt wurde, und 1572 schließlich der Erbe, Virginio, der dem Hause Orsini durch seine Tapferkeit einmal große Ehre machen sollte.

Doch auch dieses Wiedersehen zwischen Isabella und Paolo war nur von kurzer Dauer, denn er begab sich wieder zurück nach Rom, während sie am Hofe ihres Vaters blieb. Sie atmete auf, als der ungeliebte Gatte wieder weg war, gab es doch längst einen anderen, dem ihr Herz gehörte.

Auch er war ein Orsini, jedoch aus einer anderen Linie dieser weit verzweigten Familie. Ein entfernter Vetter Paolos namens Troilo, um die 30 und eine in jeder Hinsicht blendende Erscheinung.

Es dürfte um das Jahr 1564 gewesen sein, als Isabellas Zuneigung zu Troilo erwachte. Sie hatte gerade eine schwere Ehekrise hinter sich, an der sie allerdings selbst nicht ganz unschuldig war.

Ihr Gatte, mittlerweile nicht nur hässlich, sondern auch unglaublich fett, ließ sich immer mehr gehen. Kein Wunder, dass die feine, sensible Isabella sich von ihm abgestoßen fühlte und das auch offen zeigte. Die stolze Medici-Tochter konnte bisweilen ganz schön hochfahrend und herausfordernd sein. Und sie zügelte ihr Temperament auch nicht gegenüber ihrem Gemahl, sodass es zwischen ihnen wiederholt zu lautstarken Auseinandersetzungen kam. Eines Tages geriet Paolo wegen Isabellas Überheblichkeit wieder einmal furchtbar in Rage, worauf sich ein heftiger Wortwechsel entwickelte. Der Herzog versuchte seine Gemahlin zu demütigen, indem er brüllte, er stehe aufgrund seiner Herkunft weit über ihr. Daraufhin schleuderte ihm Isabella entgegen: »Die Medici sind hinsichtlich Größe und Bedeutung die ersten Fürsten Italiens nach Seiner Heiligkeit, während Ihr bloß ein Lehensherr des Heiligen Stuhles seid«. Der aufbrausende Paolo fühlte sich durch diese Worte so sehr provoziert, dass er seiner Gemahlin einen Schlag ins Gesicht versetzte.

Isabella floh daraufhin zu ihrem Vater in den Palazzo Pitti. Cosimo I. aber behielt die Nerven und versuchte seine Tochter zu beruhigen, indem er sich über diesen Streit lustig machte. Isabellas Bruder, Francesco, aber ließ Paolo eine Warnung zukommen, dass man so nicht mit einer Medici umgehen könne. Schließlich gelang es dem alten Cosimo, die Eheleute kurzfristig wieder miteinander zu versöhnen. Zu Hilfe kam ihm dabei allerdings ein trauriges Ereignis. Paolo hatte eine illegitime Tochter mit in die Ehe gebracht, die Isabella von Anfang an wie ihr eigenes Kind geliebt hatte. Als die Kleine nun starb, waren Paolo und Isabella so sehr getroffen, dass sie beieinander Trost suchten und ihr Familienleben für kurze Zeit wieder aufnahmen. Wenige Tage später war jedoch alles wieder beim Alten und Paolo verließ Florenz in Richtung Rom, um erst ein Jahr später wiederzukehren.

Kein Wunder, dass Isabella für die Aufmerksamkeiten eines anderen Mannes empfänglich war. Troilo Orsini war so ganz anders als sein Vetter: attraktiv, einfühlsam und kultiviert. Schon rein optisch passte er viel besser zu der schönen Mediceerin. Und so konnte es wohl nicht ausbleiben, dass aus anfänglicher Sympathie im Laufe der folgenden beiden Jahre Liebe wurde, wahrscheinlich 1566, als Paolo Giordano gerade gegen die Türken kämpfte. Dass zwischen den beiden jungen Leuten eine Liaison bestanden hat, dies beweisen acht Briefe, sieben davon aus der Hand Isabellas an Troilo gerichtet, einer von ihm, der allerdings ohne Adressat ist. Die Schreiben sind erhalten geblieben und befinden sich im Staatsarchiv von Florenz. Sie geben Zeugnis von einer leidenschaftlichen, großen Liebe, die vor allem auf Isabellas Seite bis zur Selbstaufgabe ging. Die hochmütige Herzogin erscheint mit einemmal als unterwürfige Frau, die ihrem Geliebten »tausendfach die Hände küsst« und seine »Sklavin für immer« sein will. Trotz dieses schriftlichen Überschwangs müssen sich die beiden sehr vorsichtig verhalten haben, denn immerhin ging ihre Liaison über mehrere Jahre. Dies war allerdings nicht zuletzt der Umsicht des alten Großherzogs zu verdanken.

Cosimo I. war das Interesse seiner Tochter an dem feschen Orsini wohl nicht entgangen. Um einem Skandal vorzubeugen, sorgte er daher dafür, dass Troilo so oft wie möglich fern von Florenz war. Zu diesem Zwecke betraute er ihn im Verlauf der folgenden Jahre mit den verschiedensten diplomatischen Missionen. Im November 1569 etwa entsandte er ihn nach Paris, um

Karl IX. seine Ernennung zum Großherzog zu verkünden, im Jahr darauf überbrachte Troilo die Glückwünsche seines Souveräns, als sich der König von Frankreich mit Elisabeth von Österreich, einer Tochter Kaiser Maximilians II., vermählte. 1573 schickte man ihn nach Warschau zu Heinrich von Anjou, der soeben zum König von Polen gewählt worden war. Wenige Monate später begleitete er Heinrich, dem durch den Tod seines Bruders die Krone Frankreichs zugefallen war, zurück nach Paris.

Der »gefährliche« Orsini war also ziemlich viel unterwegs, dennoch führte ihn sein Weg zwischendurch immer wieder nach Florenz zu seiner Geliebten. Auch Ende 1571 weilte er für längere Zeit in der toskanischen Hauptstadt, sodass Vermutungen, er könnte der Vater von Isabellas Sohn Virginio (geboren im September 1572) sein, nicht ganz von der Hand zu weisen sind. Aber auch Paolo Orsini, der Gatte der schönen Herzogin, hielt sich zu jener Zeit in Florenz auf, wenngleich auch nur etwa 14 Tage lang.

Isabella war nicht die Einzige am Hofe zu Florenz, die eine heimliche, große Liebe zu einem anderen Mann hegte. Ihrer Cousine und Schwägerin Eleonora war genau dasselbe widerfahren. Eleonora war ein völlig anderer Typ als Isabella, sanft und still, doch das gleiche Schicksal machte die beiden Frauen zu engen Vertrauten. Beide litten in ihrer Ehe, beide waren in leidenschaftlicher Liebe zu einem anderen Mann entbrannt. Beide fürchteten sie, dass ihre verbotenen Beziehungen entdeckt würden.

Eleonora entstammte ebenfalls dem Hause Toledo und war die Nichte von Isabellas Mutter. Sie war 1553 in Florenz geboren worden und nach dem frühen Tod ihrer Mutter* dort auch aufgewachsen. Eleonora trug nicht nur den Namen ihrer Tante, sondern sie hatte auch deren Schönheit und sanftes Wesen. Warum man sie 1571 ausgerechnet mit dem um ein Jahr jüngeren

* Herzogin Eleonoras Bruder, García von Toledo, war mit Vittoria d'Ascanio Colonna verheiratet, einer Nichte der berühmten Dichterin.

Pietro verheiratete, bleibt ein Rätsel. Vielleicht meinte man, sie würde mit ihrer Güte und Sanftmut einen günstigen Einfluss auf ihn ausüben. Doch weit gefehlt. Pietro, der von dieser Ehe mit seiner Cousine, die er ja von Kindheit an kannte, von Anfang an nicht begeistert war, dachte nicht einmal daran, seinen Lebenswandel zu ändern. Er war seit jeher als Taugenichts und unguter Charakter bekannt, galt als hinterhältig, neidisch und gewalttätig. Seine Orgien im Palais in der Via Larga waren Stadtgespräch und seine vernachlässigte Frau in der florentinischen Gesellschaft »Gegenstand allgemeiner Bemitleidung«. Die arme Eleonora, die sich widerstandslos in ihr Schicksal gefügt hatte, litt unter der Behandlung durch ihren Gatten. Sie fürchtete sich vor ihm und sie war zutiefst unglücklich.

Dann aber lebte sie für kurze Zeit auf: Sie hatte sich verliebt. Der junge Mann, der ihr Herz erobert hatte, war ein Ritter des Stephansordens und hieß Bernardino Antinori. Aber es war ihnen kein dauerhaftes Glück gegönnt. Von Anfang an war ihre Liebe von Tragik überschattet.

Weder Isabellas noch Eleonoras Liebe war das Schicksal hold. Solange Cosimo I. lebte, hatten die beiden jungen Frauen kaum etwas zu befürchten. Der alte Großherzog liebte seine Tochter und seine Schwiegertochter sehr und hätte ihnen nie etwas zu Leide getan. Dann aber starb Cosimo I. am 21. April 1574. Und dass sein Nachfolger andere Saiten aufzuziehen gedachte, das zeigte sich sehr bald. Francesco hatte die ehemalige Geliebte seines Vaters, die dieser vor vier Jahren zu seiner Gemahlin gemacht hatte, stets mit Hass verfolgt. Nun hatte er nichts Eiligeres zu tun, als Camilla, die ihm immer wohl gesonnen gewesen war, kurzerhand in ein Kloster zu stecken. Der neue Großherzog legte offenbar bei den Frauen der Medici andere Maßstäbe an als bei sich selbst.

Isabella und Eleonora muss es kalt über den Rücken gelaufen sein angesichts von Francescos Härte gegenüber Camilla. Der 33-Jährige erwies sich bald als gnadenloser Tyrann. Das ließ nichts Gutes für heimlich Liebende erwarten. Zumal Isabellas und Eleonoras Affären mittlerweile gar kein Geheimnis mehr waren. Am Hof und außerhalb des Hofes kursierten bereits allerlei Gerüchte. Francesco I. war aber nicht gewillt zu dulden, dass seine Schwester und seine Schwägerin durch ihr unschickliches Verhalten für Gerede sorgten.

Das zarte Glück Eleonoras und Bernardinos hatte kaum begonnen, als auch schon das Unglück über sie hereinbrach. Bernardino war als Heißsporn bekannt, der – ähnlich wie Shakespeares Romeo – häufig in Raufhändel verwickelt war. Deswegen war er schon zweimal vor Gericht gestanden. Dennoch ließ er sich wieder auf ein Duell ein – und tötete dabei seinen Gegner. Bernardino wurde verhaftet und bis zu seinem Prozess unter Hausarrest gestellt.

Eleonora, die um sein Leben zitterte, vergaß damals in ihrer Angst jede Vorsicht und kam immer wieder zum Antinoripalast, in der Hoffnung, den Geliebten vielleicht am Fenster zu sehen. Bald darauf durfte sie aufatmen, als sie hörte, dass man ihn nach Elba in die Verbannung geschickt hatte. Doch ihre Liebe schien unter keinem guten Stern zu stehen.

Von Elba aus schrieb ihr Bernardino gleich nach seiner Ankunft einen Brief, der ihnen zum Verhängnis werden sollte. Denn das Schreiben, dessen Inhalt wohl ziemlich unzweideutig gewesen sein dürfte, fiel durch ungeklärte Umstände ausgerechnet dem Großherzog in die Hände. Francesco, zwar selbst außerehelich verliebt, hatte im Falle seiner Schwägerin keinerlei Verständnis. Er wähnte durch Eleonoras Affäre die Ehre seines Bruders und des Hauses Medici in den Schmutz gezogen. Sofort befahl er, Bernardino Antinori nach Florenz zu schaffen, wo er zum Tode verurteilt und am 20. Juni 1576 unverzüglich hingerichtet wurde.

Als Eleonora vom Los ihres Geliebten erfuhr, konnte sie ihren Schmerz kaum verbergen. Das war wohl auch nicht mehr notwendig. Denn ihr Gatte wusste bereits durch seinen Bruder über alles Bescheid. Wahrscheinlich ahnte die junge Frau sogar, dass ihr Schicksal schon besiegelt war. Aber was bedeutete ihr das Leben noch, nachdem Bernardino nicht mehr war? Unter Tränen verabschiedete sie sich daher am 9. Juli 1576 von ihrem vierjährigen Sohn, Cosimo, und begab sich auf Anordnung ihres Gatten auf den Landsitz Cafaggiolo, wo sie ihn erwarten sollte.

Tatsächlich traf Pietro gegen Abend in der Villa ein und speiste gemeinsam mit seiner Frau. Doch kaum war die Mahlzeit beendet und die Diener gegangen, stand er auf, zog im nächsten Augenblick sein Schwert und stieß es Eleonora in den Leib. Anderen Quellen zufolge nahm er ein Handtuch und erdrosselte sie. Noch in derselben Nacht wurde ihre Leiche nach Florenz gebracht und bestattet. Zwar wurde verkündet, Eleonora sei an einem Herzanfall gestorben, doch das glaubten nur die wenigsten. Im Tagebuch eines Zeitgenossen findet sich folgender Eintrag: »In der Nacht des 10. Juli 1576, einem Dienstag, um fünf Uhr nachts, verschied Frau Eleonora aus dem Hause Toledo und Gattin des Herrn Pietro de' Medici. Sie starb in Cafaggiolo im Mugello. Jene Frau zählte 21 Jahre, sie war schön, anmutig, liebenswürdig, freundlich und umgänglich und hatte vor allem zwei Augen im Kopf, die es an Schönheit mit den Sternen aufnehmen konnten. Es heißt allgemein, dass sie umgebracht wurde.« Der kleine Cosimo überlebte seine Mutter nur um wenige Wochen.

Vieles deutet darauf hin, dass der Großherzog über das Vorhaben seines Bruders, seine Gattin zu töten, informiert war. Vielleicht hatten sie sogar gemeinsam das Verbrechen geplant. Wenn es um die Ehre der Medici – vor allem aber die männliche Ehre – ging, dann hielten sie zusammen. Der Brief, den er an den toskanischen Botschafter in Spanien schrieb, verrät ihn. Darin heißt es: »Obwohl man Euch in dem Brief von einem Herzanfall Donna Eleonoras berichtet, habt Ihr nichtsdestoweniger seiner Katholischen Majestät zu sagen, dass Don Pietro, unser Bruder, selbst seine Frau umgebracht hat wegen des Verrates, den sie durch ihr einer Edeldame unwürdiges Verhalten an ihm begangen hat ... Wir wollten, dass seine Majestät die Wahrheit erfährt ...« Francesco I. hatte ein gutes Verhältnis zu Philipp II. von Spanien, an dessen Hof er als Jüngling einige Jahre verbracht hatte. Die Antwort des Königs ist nicht bekannt. Doch offenbar teilte er die Auffassung des Großherzogs, dass eine verletzte männliche Ehre Rechtfertigung genug für einen Mord war. Wie anders wäre es sonst zu erklären, dass Pietro nach dem gewaltsamen Tod seiner Gemahlin ausgerechnet nach Spanien ging, damit in Florenz möglichst rasch Gras über die Sache

wachsen konnte und er selbst aus der Schusslinie kam? Er kehrte übrigens nicht mehr nach Italien zurück, sondern heiratete in seinem spanischen Exil ein zweites Mal und starb dort schließlich im Jahre1604.
Mysteriös blieb jedoch, dass man 1608, als man Eleonoras Leiche exhumierte, angeblich keinerlei Verletzungen an ihr fand.

Fünf Tage nach Eleonoras Tod ereignete sich eine weitere Bluttat in der großherzoglichen Familie.
Bereits seit einiger Zeit wurde Isabella de' Medici von bösen Ahnungen heimgesucht. Aus diesem Grund wandte sie sich an ihre Verwandte in Frankreich, die Königinmutter Katharina von Medici, um Hilfe. Katharina sagte Isabella ihren Schutz zu. Doch es war zu spät für eine Flucht.
Die Gerüchte über die treulosen Medici-Frauen waren mittlerweile bis nach Rom gelangt. Und Ende Juni 1576 tauchte Paolo Orsini unerwartet in Florenz auf. Wütend und fest entschlossen Rache zu nehmen.
Gleich nach seiner Ankunft begab sich der Herzog von Bracciano zu seinem Schwager in den Palazzo Pitti, wo die beiden ein längeres Vieraugengespräch führten. Offenbar wurde er dabei von Francesco über das außereheliche Liebesleben seiner Gemahlin informiert. Es scheint auch, als hätten die beiden gemeinsam eine furchtbare Strafe für Isabella beschlossen.
Nachdem Paolo seinen Schwager verlassen hatte, ging er zu seiner Frau und forderte sie auf, ihn in die Villa von Cerreto Guidi bei Empoli zu begleiten, einen Landsitz der Medici, um dort die heißen Sommermonate zu verbringen. Isabella gehorchte, doch zu ihrer Freundin, die sie begleitete, sagte sie, dass sie nur ungern fahre und dass sie Angst habe.
In Cerreto erhielt Isabella dann die Nachricht vom Tode ihrer Schwägerin. Aus berechtigter Furcht wagte sie nicht, ihre wahren Gefühle zu zeigen, sodass Paolo damals kühl an Francesco schreiben konnte: »Ich habe kein großes Bedauern über den Tod der Dame Eleonora verspürt, auch Donna Isabella hat nicht das geringste Bedauern gezeigt.« In Wirklichkeit war Isabella tief betroffen und das Bewusstsein machte sich in ihr breit, dass nun auch ihre Stunde schlagen würde.

Am Abend des 15. Juli 1576, nach einem gemeinsamen Essen, lud der Herzog von Bracciano seine Frau in sein Schlafzimmer ein. Isabella konnte sich trotz allen Ekels dieser Aufforderung ihres Gemahls nur schlecht entziehen, also ging sie zu ihm. Als sie einander in dem nur schwach erleuchteten Raum gegenüberstanden, näherte sich Paolo seiner Frau, so als wollte er sie küssen. Statt dessen aber legte er ihr eine Schnur um den Hals und erdrosselte sie.

Heute zeigt man den Besuchern der Villa ein Loch an der Decke, das der Herzog habe anbringen lassen und durch welches an jenem Abend ein Seil mit einer Schlinge hing, das im dämmrigen Licht nicht zu sehen war. Paolo habe es seiner Gemahlin um den Hals gelegt und auf sein Zeichen hätten daraufhin von oben vier Männer an dem Seil gezogen und so die Herzogin zu Tode gebracht. Es dürfte sich dabei allerdings um eine später erfundene Legende handeln, denn Paolo Giordano Orsini war durchaus kräftig genug, seine Frau allein zu erwürgen und außerdem – wer wollte bei solch einer Tat schon vier Zeugen haben?

Wieder hatte man eine ziemlich unglaubwürdige offizielle Version für den Tod der 34-jährigen Isabella parat: Sie sei infolge eines epileptischen Anfalls so unglücklich gestürzt, dass sie sich das Genick gebrochen habe. Doch auch diesmal waren die meisten Zeitgenossen davon überzeugt, dass es Mord gewesen war.

Vier Monate später fand auch Isabellas Liebhaber, Troilo Orsini, einen gewaltsamen Tod, der wahrscheinlich ebenfalls zumindest indirekt auf das Konto Francesco von Medicis ging. Nachdem er vom Tod seiner Geliebten erfahren hatte, hielt es Troilo für besser, vorläufig nicht nach Florenz zurückzukehren. Er blieb in Paris. Im November 1576 weilte er immer noch in der französischen Hauptstadt, als er eines Nachts auf offener Straße aus dem Hinterhalt überfallen und ermordet wurde. Waren es gedungene Mörder, die im Auftrag des Großherzogs der Toskana gehandelt hatten, weil Troilo die Ehre von dessen Schwester und des gesamten Medici-Clans beschmutzt hatte? Mit Sicherheit wird man es wohl nie wissen, doch bietet sich eine solche Interpretation durchaus als wahrscheinlich an.

Doch auch die Täter kamen nicht ganz ungeschoren davon. Paolo Giordano büßte schwer für den Mord an seiner Gemahlin. Wieder in Rom verliebte er sich in die blutjunge Vittoria Accoramboni, eine entfernte Verwandte. Da die Schöne jedoch einen Gatten mit Namen Francesco Peretti hatte, ließ der liebestolle Herzog von Bracciano, nun schon erfahren in derlei Dingen, den Rivalen kurzerhand durch gedungene Mörder aus dem Weg schaffen. Doch nun kehrte sich nicht nur das Schicksal, sondern die ganze Welt gegen ihn.

Als das mörderische Pärchen heiraten wollte, verweigerte Papst Gregor XIII. die Einwilligung und wollte den Mörder Perettis zur Rechenschaft ziehen. Orsini konnte sich rechtzeitig in Sicherheit bringen. Vittoria aber wurde gefangen genommen und auf die Engelsburg gebracht, von wo ihr jedoch unter Einsatz all ihrer weiblichen Reize die Flucht gelang. Doch von nun an fanden Paolo und Vittoria keine Ruhe mehr. Der Papst ließ das Liebespaar durch halb Italien verfolgen. Unterstützt wurde er dabei von den Medici-Brüdern Francesco und Ferdinando sowie bald auch vom Orsini-Clan, dessen Ansehen wegen Paolo großen Schaden erlitten hatte.

Als Papst Gregor XIII. schließlich am 10. April 1585 starb, wähnten sich Paolo und Vittoria nach vier Jahren des Versteckspielens bereits gerettet und heirateten am 20. April rasch in aller Heimlichkeit kirchlich in Rom. Heimlichkeit war jedoch angeraten, denn wenige Tage später wurde ausgerechnet ein Vertreter der Peretti-Familie Papst. Und Sixtus V. setzte nun alles daran, seinen ermordeten Neffen zu rächen. Er ließ unverzüglich die Güter Orsinis einziehen.

Wieder mussten Paolo und Vittoria fliehen. Zunächst nach Venedig, dann nach Padua, wo Paolo, der schwer erkrankt war, nicht mehr weiter konnte und am 13. November 1585 starb. Zuvor noch hatte er Vittoria in seinem Testament großzügig bedacht. Doch Vittoria sollte nicht mehr in den Genuss ihres Erbes kommen. Wenige Wochen nach ihrem Geliebten wurde sie in Padua von den Häschern des Papstes ausgeforscht und am 22. Dezember 1585 von einem Verwandten ihres Geliebten, Ludovico Orsini, ermordet.

Der blutige Liebesreigen im Hause Medici aber war noch immer nicht zu Ende. Als Einziger schien Großherzog Francesco sein Glück gefunden zu haben. Er heiratete nach dem Tode seiner Gemahlin 1578 die große Liebe seines Lebens Bianca Cappello und machte sie sogar zur Großherzogin. Dabei kümmerte es ihn nicht, dass er damit den Unmut seiner Untertanen und vor allem seines Bruders, des Kardinals Ferdinando, erregte. Tatsächlich taten sämtliche Kritiker der schönen Bianca bitter Unrecht, wenn sie sie für sämtliche Missstände im Lande verantwortlich machten. Denn sie erwies sich als eine würdige, zurückhaltende und mildtätige Herrscherin, die ihren drei Stiefkindern eine gute Mutter war. Doch das interessierte niemanden. Vor allem Ferdinando nicht, der, als der einzige Sohn Francescos 1582 fünfjährig starb, sofort aufschrie, Bianca habe ihn aus dem Weg räumen lassen. Dabei profitierte Ferdinando am meisten vom Tod seines Neffen, denn dadurch wurde er zum Erben der Großherzogskrone. Und er musste auch nicht mehr allzu lange warten.

Denn wieder einmal wurde mysteriös gestorben im Hause Medici, sodass es später jede Menge Gerüchte gab. Am 19. Oktober 1587 starben Francesco und Bianca im Abstand von nur elf Stunden während eines Besuches von Ferdinando. Sofort war natürlich von Gift die Rede. Bianca habe ihrem Schwager einen vergifteten Kuchen bereitet und irrtümlich ihrem Gatten davon gegeben und, als sie den Irrtum entdeckte, daraufhin aus Verzweiflung selbst davon gegessen. Andere wiederum verdächtigten Ferdinando, dessen Verhältnis zu seinem Bruder und zu Bianca bekannt schlecht gewesen war, des Giftmordes. In Wahrheit aber hatten sich die beiden, die schon seit einiger Zeit nicht mehr ganz gesund waren, wenige Tage zuvor bei einem Landausflug schwer erkältet. Ferdinando verfolgte sogar noch die tote Bianca mit seinem Hass. Während er seinem Bruder ein prunkvolles Begräbnis bereitete, ließ er Bianca einfach fortschaffen und bis heute weiß niemand, wo sie bestattet wurde.

Nun kehrte endlich wieder Ruhe und Sittlichkeit in den Palazzo Pitti ein. Wenn er sich auch gegenüber Bianca Cappello, die ihm nie etwas getan hatte, schäbig benommen hatte, so erwies sich Ferdinand I. von Toskana doch als fähiger Herrscher. Er legte die rote Robe ab, heiratete mit Christine von Lothringen eine Enkelin Katharina von Medicis und sicherte für die nächsten 150 Jahre den Fortbestand der Dynastie.

Das erste Opfer

Die Tragödie des Don Carlos

Eine kleine Gruppe fröhlicher junger Leute bevölkerte in den 60er-Jahren des 16. Jahrhunderts den ehrwürdigen Hof von Madrid und brachte endlich wieder einmal Leben in die alten Gemäuer des Alcázar. Man verstand es, sich trotz des erdrückenden Zeremoniells, das Philipp II. seiner Umgebung aufgenötigt hatte, zu amüsieren. Lachen hallte tagsüber durch die Gänge und des Abends wurde gesungen und zum Tanz aufgespielt. Und was für einen erfrischenden Anblick all diese jungen Menschen in ihren prächtigen, farbenfrohen Gewändern doch boten! Die Damen in ihren schweren Samt- und Brokatroben, deren Röcke seitlich ausgestopft und die vorne geschlitzt waren, sodass das andersfarbige Unterkleid zum Vorschein kam. Auch die Ärmel waren, ganz im Stil der Renaissance, geschlitzt und am Hals prangte die unbequeme, alles verhüllende Halskrause, unverzichtbarer Bestandteil der damaligen Mode. Die Herren wiederum beeindruckten in gepolsterten, selbstverständlich ebenfalls geschlitzten Oberschenkelhosen, Halskrause und mit kurzkrempigen Hut oder Federbarett.

Im Mittelpunkt dieser vergnügten Runde stand die schöne junge Königin, Isabella von Valois, Tochter Heinrichs II. von Frankreich und der Katharina von Medici. Mit ihr waren 1560 ein wenig französisches Flair und Lebensfreude am steifen spanischen Hof eingezogen, was vor allem von der ansässigen Jugend freudig begrüßt wurde, welche sich fortan um Isabella scharte. Neben der Schwester des Königs, der Infantin Johanna fanden sich der Halbbruder und der Neffe Philipps II. ein, Don Juan de

Austria ein illegitimer Sohn Karls V., und Alessandro Farnese, Sohn Margarethes, der illegitimen Tochter Karls V., die beide in Isabellas Alter waren. Ab 1564 gesellten sich dann auch die österreichischen Neffen des Königs, die Erzherzöge Rudolf und Ernst von Österreich, die Söhne Kaiser Maximilians II. und Marias von Spanien, hinzu.

Nur der König selbst passte nicht so recht in diese kleine, schnatternde Gesellschaft. Philipp II., der um fast 20 Jahre älter war als seine Gemahlin, konnte mit diesen halben Kindern nicht viel anfangen. Zwar war er auch als Mittdreißiger immer noch ein attraktiver Mann, der sich bei den abendlichen Ballveranstaltungen zur allgemeinen Überraschung als begeisterter Tänzer erwies, doch die Last der Staatsgeschäfte hatte aus ihm einen ernsten, strengen und verschlossenen Menschen gemacht, der für oberflächliche Vergnügungen nicht viel übrig hatte. Schon allein durch seine Kleidung, die stets in schmucklosem Schwarz gehalten war, fiel er aus dem bunten, fröhlichen Rahmen.

Noch mehr aber musste sich sein Sohn unter all diesen gut aussehenden Gleichaltrigen als Außenseiter fühlen. Im Gegensatz zu seinem Vater war Don Carlos nämlich von geradezu erschreckender Hässlichkeit, körperlich verunstaltet und geistig zurückgeblieben. Hinzu kam noch ein höchst irritierendes, zeitweise mehr als absonderliches Verhalten. Welch einen Kontrast bildete der Infant doch zu seinen gesunden, kraftstrotzenden Verwandten!

Es gehörte zur persönlichen Tragik des Prinzen, dass er sich zumindest seiner körperlichen Unzulänglichkeiten sehr wohl bewusst war und zeit seines kurzen Lebens darunter litt. Von klein auf spürte er diese Mischung aus Mitleid und Herablassung, mit der man ihm bei Hofe begegnete, auch sein Vater. Mit wachsender Sorge betrachtete Philipp II. seinen Sohn, dieses bedauernswerte erste Opfer der inzüchtlerischen Heiratspolitik der Habsburger, welche unter Karl V. begonnen hatte.

Isabella von Valois (1545–1568)

Kaiser Karl V. hatte seine Cousine ersten Grades, Isabella von Portugal, geheiratet, weil es ihm zum damaligen Zeitpunkt die politisch günstigste Lösung schien. Und selbstverständlich dachte er auch ausschließlich in staatspolitischen Kategorien, als er 1536 daran ging, seine Kinder zu verheiraten. Als Erste kam seine 1522 geborene illegitime Tochter Margarethe, das Kind aus seiner Affäre mit Johanna van der Gheenst, an die Reihe. Sie wurde 14-jährig mit dem gewalttätigen Alessandro von Medici verheiratet, der dank der Unterstützung des Kaisers Herzog von Florenz geworden war. Zu Margarethes Glück währte diese Ehe nur ein halbes Jahr. Ihr Gatte war – wie im vorangegangenen Kapitel ausgeführt – von seinem Vetter ins Jenseits befördert worden. Anderthalb Jahre später kam Margarethe erneut unter die Haube, und wieder hatte man ihr einen Italiener zugedacht, diesmal den Herzog von Parma, Ottavio Farnese. Die Verbindung entpuppte sich allerdings nicht nur für die junge Frau, sondern auch für Karl V. als Fehlgriff, denn Margarethe wurde unglücklich und der Schwiegersohn machte gemeinsame Sache mit Spaniens Erzfeind Frankreich.

Seine legitimen Töchter Maria und Johanna teilte der Kaiser auf die österreichische und die portugiesische Verwandtschaft auf. Maria wurde mit ihrem Vetter, dem späteren Kaiser Maximilian II., vermählt, Johanna mit ihrem Vetter João, dem Thronfolger von Portugal.

Ganz besonders überlegt wollte natürlich die Verheiratung seines einzigen Sohnes, des Infanten Philipp, sein, des Erben eines Reiches, in dem die Sonne nie unterging. Johanna von Albret galt als ernsthafte Kandidatin, vor allem weil sie die Erbin des an Spanien grenzenden Königreiches Navarra war. Doch der Franzose Anton von Bourbon war schneller und Navarra ging an Frankreich, als die Krone an seinen Sohn Heinrich IV. fiel. Auch Margarethe von Valois, die Tochter Franz' I. von Frankreich und spätere Herzogin von Savoyen, war kurzfristig im Gespräch. Diese Verbindung scheiterte angeblich am Widerstand des Infanten Philipp.

Und so kam Karl V. bei der Suche nach einer Braut für seinen Sohn und Nachfolger wieder auf die eigene Familie zurück. Seine Wahl fiel auf Maria von Portugal, obwohl diese gleich mehrfach mit Philipp verwandt war. Ihre Mutter, Katharina von Österreich, war niemand anderes als die Schwester Karls V. und ihr Vater, Johann III. von Portugal, war der Bruder von Philipps Mutter Isabella von Portugal. Maria war also gleich von beiden Seiten her Philipps Cousine ersten Grades. Das war vom erbbiologischen Standpunkt – der damals aber niemanden interessierte – ein recht gefährliches Arrangement. Politisch gesehen war diese Verbindung allerdings nicht ohne Logik, denn diese Ehe band Spanien und Portugal noch stärker aneinander, wodurch die Möglichkeit einer Vereinigung auf dem Erbwege weiter stieg.*

Sowohl Philipp als auch Maria waren zum Zeitpunkt ihrer Eheschließung im November 1543 erst 17 Jahre alt, doch war ihnen nur ein kurze gemeinsame Zeit beschieden. Die eher rundliche Portugiesin wirkte – im Gegensatz zu ihren acht Geschwistern, von denen keines das 17. Lebensjahr erreichte – eigentlich recht gesund und robust, und sie wurde auch bald nach der Hochzeit, wie es sich gehörte, schwanger.

Am 8. Juli 1547 brachte Maria nach schwerer Geburt einen Sohn zur Welt. Das Kind, das auf den Namen seines Großvaters, Carlos, getauft wurde, war schwach, aber es überlebte. Seine Mutter jedoch verstarb vier Tage nach ihrer Niederkunft. Nach nur anderthalbjähriger Ehe war Philipp von Spanien mit 18 Jahren zum ersten Mal Witwer.

Der Prinz zeigte sich tief getroffen von diesem Schicksalsschlag und zog sich für mehrere Tage in ein Kloster bei Valladolid zurück. Er fand allerdings rasch Trost bei seiner Geliebten, Isabel de Osorio, mit der er schon vor der Ehe mit Maria liiert gewesen war. Nun nahm er das Verhältnis wieder auf.

Sein kleiner Sohn interessierte ihn kaum. Mit 18 Jahren war Philipp anscheinend noch zu jung für die Vaterrolle. Er überließ das Kind der Obhut seiner beiden Schwestern und deren Hofdamen, während er sich selbst auf seine Rolle als künftiger Herrscher eines Weltreiches vorzubereiten begann.

---

* Tatsächlich sollte Philipp II. 1580 den portugiesischen Thron besteigen und Spanien und Portugal bis 1668 vereint sein.

1548 schickte ihn der Vater auf eine Reise nach Italien, damit er die dortigen spanischen Besitzungen kennen lerne. Danach ging es weiter nach Brüssel, wo seine Tante, Margarethe von Parma, die Statthalterschaft der Niederlande innehatte. Philipp hatte seine Mätresse nur ungern in Spanien zurückgelassen, doch fand er rasch Ersatz in der schönen Flämin Catherine Lainez, die ihm eine Tochter gebar. Kurz vor seiner Heimreise im Sommer 1551 verheiratete Philipp seine Geliebte, sein Kind steckte er in ein Kloster bei Toledo. In Spanien wartete bereits wieder Isabel de Osorio auf ihn.

Der junge, gut aussehende Prinz mit dem rötlich blondem Haar und den blauen Augen hatte ganz offensichtlich eine Schwäche für das schöne Geschlecht. Er genoss das Leben und die Liebe in vollen Zügen.

Karl V., selbst kein Kind von Traurigkeit, scheint dem libertinen Lebenswandel seines Sohnes durchaus mit Verständnis begegnet zu sein. Philipp war ja noch jung und sollte sich ruhig ein wenig austoben, während er sich nach einer neuen Braut für seinen Sohn umsah. Im Jahre 1553 bot sich schließlich nach Meinung des Kaisers eine »Jahrhundertpartie« für Philipp.

Eduard VI. von England, der Sohn von Karls einstigem Widersacher Heinrich VIII., war noch keine 16 Jahre alt, als er am 6. Juli 1553 sein junges Leben aushauchte. Die Krone Englands fiel damit auf seine Halbschwester Maria Tudor, Karls Cousine, eine fanatische Katholikin.

Mit dieser Verbindung wollte der Habsburger zwei Ziele verwirklichen: Zum einen die Rückführung Englands in den Schoß der katholischen Kirche, zum anderen die Krone des Inselreiches mit jener Spaniens zu verbinden und damit ein Bollwerk gegen den Erzfeind Frankreich zu bilden.

Philipp, nun zwar bereits ein junger Mann von 27 Jahren, stand nach wie vor im Schatten seines übermächtigen Vaters und hatte nur eines zu tun: zu gehorchen. Das tat er auch, als er am 25. Juli 1554 in Winchester die um elf Jahre ältere, wenig attraktive Königin von England ehelichte. Seine Langzeitgeliebte, Isabel de Osorio, blieb in Spanien zurück und beendete ihre Tage in einem Kloster bei Valladolid.

Schon bald stellte sich allerdings heraus, dass der große Plan des

Kaisers niemals Realität werden würde, denn Maria Tudor war krank und würde mit Sicherheit kein Kind mehr bekommen. Also verließ Philipp – wahrscheinlich leichten Herzens – bereits im September 1555 England wieder, um sich nach Brüssel zu begeben.

Karl V. hatte seine Familie in der flandrischen Hauptstadt zusammengerufen, um ihr seine Abdankung mitzuteilen. Der Augsburger Religionsfrieden und damit die Anerkennung des Protestantismus in Deutschland sollte sein letzter bedeutender politischer Akt sein, bevor er sein Reich zwischen seinem Bruder und seinem Sohn aufteilte.

Ferdinand überließ er die österreichischen Erbländer und den Kaisertitel, während Philipp die Niederlande und Spanien samt den dazugehörigen Besitzungen in Italien und Amerika erhielt. Des Regierens müde und von der Gicht gebeugt zog sich Karl V. sodann in ein spanisches Kloster zurück, wo er im September 1558 starb.

Mit 28 Jahren war Philipp II. Herrscher über ein Weltreich und ein Land, das unter seinem Vater zur führenden Macht in Europa aufgestiegen war. Nun trug er, Philipp, die große Verantwortung, all dies zu bewahren und zu festigen. Eine Aufgabe, der er trotz redlichen Bemühens nicht immer gewachsen war. Ihm fehlte das politische Genie seines Vaters und vielleicht auch dessen glückliche Hand.

Doch er konnte den Krieg gegen Frankreich, der mit Unterbrechungen seit 1520 geführt wurde und bei dem es um die Vorherrschaft in Italien ging, durch kluges Vorgehen für sich entscheiden: Philipp erinnerte sich plötzlich wieder seiner Gemahlin, der Königin von England. Noch einmal setzte er daher im März 1557 über den Kanal, um Maria einen Besuch abzustatten, natürlich nicht, weil ihn die Sehnsucht trieb, sondern weil er ihre Unterstützung gegen die Franzosen brauchte. Er bekam, was er wollte, und reiste drei Monate später mit 8000 Soldaten und den Taschen voller Geld schon wieder ab. Es war das letzte Mal, dass er Maria sah.

Dank der englischen Unterstützung gelang den Spaniern im August 1557 bei Saint Quentin der entscheidende Sieg über die Franzosen, sodass kurz darauf mit Friedensverhandlungen be-

gonnen werden konnte. Dabei wurde auch eine Vermählung Elisabeths (Isabellas) von Valois, der Tochter Heinrichs II. von Frankreich, mit dem gleichaltrigen spanischen Thronfolger vereinbart. Als dann im April 1559 der Friede von Cateau-Cambrésis endlich zustande kam, hatte Philipp II. diesbezüglich allerdings umdisponiert.
Maria Tudor war im November 1558 gestorben und hatte ihn zum zweiten Mal zum Witwer gemacht. Also entschloss er sich kurzerhand, statt in seines Sohnes im eigenen Namen um die Hand der damals 14-jährigen Prinzessin von Frankreich anzuhalten.
Es war im Grunde nicht ungewöhnlich, dass ein Herrscher eine Frau heiratete, die vom Alter her seine Tochter hätte sein können. Außerdem war Philipp mit seinen 31 Jahren selbst für damalige Verhältnisse nicht wirklich alt und darüberhinaus, wie bereits erwähnt, eine durchaus angenehme Erscheinung. Außerdem entsprach er nur bedingt jenem Bild, das die Geschichte von ihm zeichnet und das ihn als unflexiblen, strengen Bürokraten präsentiert, als asketischen, introvertierten und stets auf Distanz bedachten Mann. Denn dieser König von Spanien hatte noch ein zweites, weicheres Gesicht. In weiblicher Gesellschaft zeigte sich Philipp stets zuvorkommend und liebenswürdig, und wenn er vielleicht auch nicht übermäßig gesellig oder unterhaltsam war, so galt er doch als guter und leidenschaftlicher Tänzer.
Tatsächlich konnte sich die kleine Elisabeth glücklich schätzen, dass man ihr statt des Sohnes den Vater zudachte, denn seit geraumer Zeit blickte Philipp II. sowohl als Vater als auch als Herrscher mit großer Besorgnis auf seinen Erben.
Don Carlos zählte mittlerweile 14 Jahre, doch gab er kaum Anlass zu großen Hoffnungen. Seine von Geburt an schwächliche Gesundheit hatte sich kaum verbessert. Er war nach wie vor anfällig und kränkelte fast ständig, was nicht ohne Auswirkungen auf seine Entwicklung geblieben war. Sein schmächtiger Körper war gleich mehrfach missgestaltet. Schief gewachsen und durch einen Buckel entstellt, zog er beim Gehen das rechte Bein nach. Hinzu kamen eine unangenehm schrille Stimme und ein Sprachfehler, den auch eine Operation, bei der man ihm das Zungenband durchschnitt, nur unzureichend beheben konnte.

Philipp II. (1527–1598)

Wenn es nur das Aussehen allein gewesen wäre! Der künftige Herrscher eines Imperiums musste wirklich nicht schön sein, weder um sich Respekt zu verschaffen noch um eine Frau zu finden. Doch leider stand es auch um die geistigen und charakterlichen Fähigkeiten des Infanten nicht eben zum Besten. Die diesbezüglichen Defizite wurden mit den Jahren immer evidenter.

Don Carlos war das Produkt einer fatalen Kombination aus schlechtem Erbmaterial, mangelhafter Erziehung und fehlender menschlicher Wärme.

Er war in der Obhut seiner beiden Tanten aufgewachsen, die ihn beide verließen, als er etwa sieben Jahre alt war. Die Infantin Maria, die seit 1548 mit ihrem Vetter, Kaiser Maximilian II., verheiratet war, folgte 1552 ihrem Gatten nach Wien. Im Dezember desselben Jahres vermählte sich ihre Schwester Johanna nach Portugal. Ihr Weggang traf Don Carlos sehr, denn gerade zu ihr, die nur um acht Jahre älter war, hatte er eine besonders enge Beziehung entwickelt.

Zu seiner Freude kehrte Johanna jedoch schon bald wieder nach Spanien zurück, da ihr Gemahl, der portugiesische Thronfolger João, bereits ein Jahr nach der Hochzeit starb. Johanna war wahrscheinlich der einzige Mensch, der Don Carlos Geborgenheit und mütterliche Liebe schenken konnte. Sie liebte ihn wie ihren eigenen Sohn, den späteren König Sebastian, den sie in Portugal hatte zurücklassen müssen. Erziehung allerdings vermochte sie ihm keine zu vermitteln.

Die Lehrer des Infanten hatten ihre liebe Not mit ihrem Schützling. Zwar billigten sie ihm durchaus Intelligenz und gute Anlagen zu, doch war er kaum fähig, sich für längere Zeit zu konzentrieren. Außerdem fehlte ihm jegliches Interesse am Lernen. Entsprechend bescheiden war sein Tagesplan, der aus einem Brief hervorgeht, den sein Erzieher Don García de Toledo am 27. August 1557 an Karl V. schrieb. Um halb sieben wurde aufgestanden. Nach dem Frühstück folgte der Besuch der Messe. Gegen halb neun begann der Unterricht, der gerade einmal bis elf Uhr dauerte, denn um diese Zeit gab es Mittagessen und im Anschluss eine Erholungspause mit Fechten oder Reiten. Nach einer neuerlichen Mahlzeit stand um halb vier Uhr noch einmal Unterricht auf dem Programm, bevor es zum Abendessen ging. Um halb zehn Uhr begab sich der Prinz schließlich zu Bett. Gerade einmal vier Stunden täglich standen für die Wissensvermittlung zur Verfügung, der Rest des Tages war offenbar hauptsächlich dem Essen gewidmet. Doch selbst dieses Programm war nur schwer einzuhalten, denn Don Carlos erwies sich als ausgesprochen schwieriges Kind. Er war unausgeglichen, hochfahrend und jährzornig. Besonders erschreckend war sein ausgeprägter Hang zur Grausamkeit, den er vor allem an hilflosen Tieren auslebte. Er riss ihnen Gliedmaßen aus, ließ sie lebendig

Don Carlos (1545–1568)

rösten oder brachte sie auf irgendeine andere widerwärtige Weise zu Tode.

Offenbar gab es niemanden, der dieses Knaben Herr wurde, ihn zurechtwies, ihn leiten konnte oder Einfluss auf ihn hatte. So konnte der Heranwachsende seinen Neigungen freien Lauf lassen, die Defizite und Fehlentwicklungen seines Charakters konnten sich verstärken. Schuld daran waren nicht zuletzt das starre spanische Hofzeremoniell und die hohe Stellung des Zöglings, die ein hartes Durchgreifen unmöglich machten, es sei denn der König oder der Kaiser selbst hätte es ausdrücklich angeordnet. Aber weder der Vater noch der Großvater kümmerte sich um die Entwicklung des Knaben. Als Philipp schließlich sah, was aus seinem Sohn geworden war, war es bereits zu spät. Erschrocken musste er feststellen, dass Don Carlos nicht nur gegenüber dem Personal, sondern auch gegenüber hoch- und höchstgestellten Persönlichkeiten des Hofes ein ausgesprochen schlechtes Benehmen an den Tag legte. Selbst seiner Tante begegnete er ohne Respekt und sogar seinen angebeteten Großvater stieß er mit seinem mehr als seltsamen Verhalten vor den Kopf. Als Karl V. seinen Enkel einmal besuchte, fand dieser ein ganz besonderes Interesse an dem kleinen Ofen, den der Kaiser immer mit sich führte, um seine gichtgeplagten Knochen zu wärmen. Don Carlos wollte dieses Ding unbedingt haben und ließ sich weder durch Erklärungen noch Argumente von seinem Wunsch abbringen. Er drängte und forderte derart, dass seinem Großvater schließlich die Geduld riss und er ihn anfuhr: »Du musst schon auf meinen Tod warten, dann kannst du den Ofen haben.«

Im Ausland wusste man bereits über das absonderliche Benehmen des spanischen Thronfolgers Bescheid, dennoch galt er damals als die begehrteste Partie Europas. Lediglich Philipp II. schien von Anfang an seine Zweifel an der Ehefähigkeit seines Sohnes gehabt zu haben. Dies war wohl mit ein Grund, weshalb schließlich er selbst als Bräutigam Isabellas von Frankreich auftrat. Als Ersatz wurde Don Carlos Isabellas Schwester, Margarethe von Valois, zugedacht. Sie war damals erst neun Jahre alt und es würde daher noch einige Zeit dauern, bis eine Vermählung stattfinden konnte. Philipp hoffte wohl, der Infant würde dann vielleicht etwas reifer sein.

Don Carlos selbst sah die Dinge freilich etwas anders. Er hatte sich schon sehr auf seine Hochzeit gefreut und war nun aufs Tiefste enttäuscht, dass ihm der eigene Vater die Braut gestohlen hatte. Möglicherweise wurde damals die Saat für einen der tragischsten Vater-Sohn-Konflikte der Geschichte gesät.
Obwohl sie nun als Gemahlin seines Vaters kam, wirkte sich das Erscheinen Isabella von Valois' ausgesprochen positiv auf das Verhalten des Infanten aus. Wegen des tödlichen Unfalles ihres Vaters – Heinrich II. war bekanntlich im Juni 1559 während eines Turniers zu Tode gekommen – traf die Prinzessin erst im Januar 1560 in Madrid ein. Am 2. Februar fand in Toledo die Hochzeit statt.
Isabel, wie Elisabeth in Spanien genannt wurde, war ein wahrhaft entzückendes Geschöpf, dem die Herzen sogleich zuflogen. Vor allem jenes ihres Stiefsohnes. Don Carlos betete seine Stiefmutter geradezu an, denn sie begegnete ihm stets mit Liebenswürdigkeit und Wärme, während die Madrider Hofgesellschaft ansonsten vor allem nur Verachtung für ihn übrig hatte. Isabella aber empfand Mitleid mit diesem armen Jüngling. Sie ging sofort auf ihn zu, war immer sanft und schenkte ihm ihre Aufmerksamkeit. Genau das, was der Jüngling so lange vermisst hatte. Und Isabella schien sich auch nicht an seinem Äußeren zu stoßen. Carlos dankte ihr ihre Freundlichkeit mit tief empfundener Zuneigung. In Isabellas Gegenwart blühte er richtiggehend auf, war umgänglich wie sonst kaum und bewies Manieren. Wie sehr sich sein Verhalten in kürzester Zeit gebessert hatte, konnten alle sehen, als er am 22. Februar 1560 die Zeremonie absolvierte, mit welcher er offiziell als Thronerbe anerkannt wurde. Er zeigte sich dabei sehr würdevoll und benahm sich tadellos.
Zu aller Erstaunen verstanden einander die schöne Königin und der hässliche Infant ausgezeichnet. Das lag wohl auch daran, dass sie gleich alt waren und dieselben oberflächlichen Interessen hatten. Mit ihrem Gemahl hingegen konnte Isabella wahrscheinlich ebenso wenig anfangen wie er mit ihr. Sie war ja noch ein halbes Kind. Dies war auch der Grund, weshalb der König die Hochzeitsnacht bis auf weiteres verschob und Verständnis und Erotik derweil bei einer Geliebten suchte. Das Isabella gelegentlich unterstellte Verhältnis mit ihrem Stiefsohn dürfte aber

niemals bestanden haben. Es wurde erst später von Dichtern und Librettisten erfunden.
Eifersucht war daher gewiss nicht das Motiv des Königs, als er seinen Sohn Ende Oktober 1561 nach Alcalá de Henares schickte. Vielmehr hoffte er, die Ortsveränderung würde sich positiv auf die Gesundheit des Prinzen auswirken, welcher ständig von Fieberanfällen heimgesucht wurde, die wahrscheinlich von einer Malariainfektion herrührten. Gleichzeitig sollte Don Carlos an der dortigen Universität einige Kurse besuchen.
Der Infant wurde von Alessandro Farnese und von Don Juan de Austria, zu welchem er eine echte Freundschaft hegte, nach Alcalá begleitet.
Tatsächlich erholte sich Don Carlos in den folgenden Monaten sichtlich und kam nach und nach wieder zu Kräften. Seiner Rückkehr nach Madrid stand also nichts mehr im Wege. Doch dann kam es zu einem folgenschweren Unfall.
Der Infant hatte sich in die Tochter des Palasttorwartes verliebt. Er traf das Mädchen immer wieder heimlich im Garten, welchen er über eine Hintertreppe erreichte. So sollte es auch am Sonntag, dem 19. April 1562 sein. Kaum hatten sich nach dem Mittagessen alle Leute seiner Umgebung zurückzogen, eilte der Prinz auch schon zu der Treppe, die in den Garten führte. In seiner Hast aber übersah er offenbar in der Dunkelheit eine Stufe und kam zu Sturz. Schwer verletzt blieb er liegen. Als man ihn endlich fand, war er bewusstlos.
Tagelang lag Don Carlos in hohem Fieber, sein Kopf schien zerspringen zu wollen, so heftig waren die Schmerzen. Ratlos standen die Ärzte um das Bett des Infanten. Man rechnete bereits mit dem Schlimmsten. Philipp II. kam nach Alcalá, um seinen Sohn zu besuchen. Auch er scheint daraufhin jede Hoffnung fahren gelassen zu haben, denn er gab bereits Instruktionen für die Begräbnisfeierlichkeiten.
Doch eine unerwartete Zähigkeit steckte in dem gebrechlichen Körper des Infanten. Die Trepanation, eine Schädelöffnung, zu der sich die Ärzte am 9. Mai entschlossen hatten, linderte seine höllischen Kopfschmerzen und er begann sich langsam wieder zu erholen. Mitte Juni konnte Don Carlos zum ersten Mal das Bett verlassen.

Körperlich schien der 18-jährige wieder genesen, doch sein Verhalten, das auch schon früher manchmal sehr seltsam gewesen war, wurde nun noch bizarrer. Möglicherweise hatten die schweren Kopfverletzungen eine latente Geistesgestörtheit ausgelöst. Der Prinz wurde immer unberechenbarer. Seine Zornausbrüche, seine Rachsucht und seine sadistischen Anwandlungen wurden für die Betroffenen bisweilen lebensbedrohend. Einmal warf er einen Diener aus Wut über dessen Unbotmäßigkeit einfach zum Fenster hinaus, ein andermal verprügelte er einen Schuster, der ihm zu enge Stiefel geliefert hatte, und ließ ihn sodann das Leder in kleine Stücke schneiden und kochen, bevor er ihn zwang es aufzuessen.
Das Verhalten des Thronfolgers war so unbeherrscht, dass es eigentlich nicht mehr tolerierbar war. Die einzige Person, die nichts von ihm zu befürchten hatte, war und blieb die Königin. In Isabellas Gegenwart war er höflich und zuvorkommend und mit kindlicher Freude legte er ihr bei jeder Gelegenheit wertvolle Geschenke zu Füßen. Das Hofpersonal und sogar die Minister des Königs waren dagegen vor den Wutanfällen und Beschimpfungen des Infanten kaum noch sicher. Es kam sogar vor, dass er sie mit dem Messer attackierte. »Er ist für gewöhnlich so verrückt und wild«, schrieb der französische Botschafter, »dass jeder hier das Los der Frau bedauert, die einmal mit ihm leben muss.«
Des Königs Sorge wuchs und er begann, sämtliche Eheverhandlungen für seinen Sohn abzublocken, obwohl sich die europäischen Höfe um den Jüngling geradezu rissen. Die Liste der Kandidatinnen war inzwischen länger geworden. Neben der kleinen Margarethe von Valois waren nun seine österreichische Cousine Anna und die soeben verwitwete Königin von Schottland, Maria Stuart, hinzugekommen. Sogar eine Verbindung mit seiner leiblichen Tante Johanna wurde eine Zeit lang erwogen. Als Don Carlos davon erfuhr, zeigte er allerdings eine weitaus größere Hellsichtigkeit als seine Umgebung, indem er gegen ein solch fast schon inzestuöses Arrangement heftig protestierte. Immerhin hatte Johanna die Rolle einer Mutter für ihn eingenommen.
Philipp II. hatte inzwischen erkannt, wie es um seinen Sohn be-

stellt war, und er wusste, dass man diesen jungen Mann keiner Frau zumuten konnte. Dies erklärt auch sein zögerndes Verhalten. Denn während Maria Stuart großes Interesse an einer Verbindung mit dem spanischen Thronfolger zeigte und man auch von österreichischer Seite zu drängen begann, blockte Philipp immer wieder ab. Am 6. August 1564 schrieb er vertraulich an den Bischof von Arras: »Die Persönlichkeit des Infanten und so manche daran sich knüpfende Frage drängen mir die Überzeugung auf, dass die Rückführung Schottlands und Englands unter dem Gehorsam des römischen Stuhles auf dem Wege einer Vermählung desselben mit der schottischen Königin nicht zu erreichen ist.« Und wenig später, am 12. September 1564, gab er seinem Botschafter in Wien folgende Instruktion: »Sagt meinem Bruder, dem Kaiser, ... dass – wie ich ihn auch früher schon habe wissen lassen – mein Sohn eine schlechte Veranlagung besitzt, weswegen man ihm kein Weib geben kann. Das ist die Ursache, die mir nicht erlaubt, in dieser Angelegenheit ans Ziel zu kommen. Nicht ohne großen Schmerz gestehe ich es ihm wieder: Es ist dieselbe Sache, die auch in der Gegenwart noch obwaltet, wenngleich mein Sohn schon 19 Jahre alt ist ...«

Philipp bezweifelte die Ehefähigkeit seines Sohnes. Wahrscheinlich hatte der Infant eine diesbezügliche »Prüfung«* nicht bestanden. Vielleicht wusste der König aber auch so, dass er von Don Carlos nicht die Sicherung des Fortbestandes der Dynastie erwarten durfte.

Philipp hoffte daher inständig, dass ihm Isabella bald einen Sohn gebären würde. Aufgrund der Jugend seiner Frau hatte er während der ersten zwei Jahre auf seine ehelichen Rechte verzichtet. Als dann jedoch seine Schwiegermutter, Katharina von Medici, nervös wurde, nahm er das Eheleben mit Isabella wieder auf. Nach zwei Fehlgeburten (1562 und 1564) schenkte die Königin 1566 einer Tochter, Isabella Clara Eugenia, das Leben. Auch das zweite Kind, das im Jahr darauf zur Welt kam, war ein Mädchen, Katharina Michaela, die spätere Herzogin von Savoyen.

---

* Man führte ihm eine Dame zu um festzustellen, ob er fähig war, den Geschlechtsakt auszuführen oder nicht.

Philipp liebte seine Töchter zwar zärtlich, dennoch war er über das Ausbleiben eines männlichen Erben enttäuscht. Das war verständlich, zumal Don Carlos' Geisteszustand immer Besorgnis erregender wurde.

Der Prinz hatte in letzter Zeit eine tiefe Antipathie gegen seinen Vater entwickelt, die er ganz offen zur Schau trug. Es war, als brächen plötzlich all die jahrelang aufgestauten Gefühle, all die erlittenen Kränkungen auf einmal hervor. Der Vater wurde für ihn zum erklärten Feindbild. In Philipp sah er den Schuldigen seines ganzen Unglücks. Er hatte ihn vernachlässigt, nicht ernst genommen, ihm die Zuneigung und Geborgenheit versagt, und er hatte ihm die Braut weggenommen. Und jetzt verzögerte er auch noch seine Heirat mit einer anderen und versagte ihm jede Mitwirkung an den Staatsgeschäften.

Der König versuchte, die Wogen zwischen sich und seinem Sohn zu glätten, indem er ihn Anfang 1567 zum Präsidenten des Staatsrates berief. Zum allgemeinen Erstaunen machte Don Carlos dort anfangs gar keine so schlechte Figur und zeigte sich sehr bemüht. Bald aber brachen sein unausgeglichenes Wesen und sein Jähzorn wieder durch. Er stiftete nichts als Verwirrung und Unruhe. Mit seinem unberechenbaren Benehmen stieß er die Minister des Königs immer wieder vor den Kopf, sodass er gegen Ende des Jahres 1567 wieder aus dem Rat ausgeschlossen werden musste.

In dem kranken Gehirn des Infanten brauten sich dennoch wilde Phantasien und unrealistische Pläne zusammen. Er träumte von einer Regentschaft in den Niederlanden an der Seite seiner Cousine, Anna von Österreich, die zu heiraten er fest entschlossen war. Obwohl er sie nie gesehen hatte, hatte er sich unsterblich in die Erzherzogin verliebt.

Der Gedanke, die Statthalterschaft der Niederlande zu übernehmen, wurde bei ihm zur fixen Idee. Dahinter stand möglicherweise die Bekanntschaft mit einem jungen Flamen, der sich damals am Madrider Hof aufhielt, und der offenbar das gespannte Verhältnis zwischen König und Thronfolger benutzte, um Don Carlos für die Interessen der Niederländer zu gewinnen. Er schilderte dem Infanten das Leid seiner Landsleute unter der Knechtschaft der Spanier und gaukelte ihm die Illusion vor, die

Niederländer würden in ihm, Don Carlos, ihren Retter sehen. Kein Wunder, dass ein von Minderwertigkeitskomplexen geplagter Mensch wie der Infant darauf ansprang, vor allem wenn es darum ging, den Vater zu übertrumpfen. Wie weit seine Kontakte mit den Niederländern tatsächlich gingen und wie ernst die Gespräche waren, lässt sich heute nicht mehr sagen. Fest steht lediglich, dass Don Carlos von der Idee besessen war.

1567 meinte er, seine Stunde sei nun gekommen. In den Niederlanden herrschte seit April des Vorjahres Aufruhr und Margarethe von Parma, seine Tante, hatte die Regentschaft zurückgelegt, als Spanien eine härtere Vorgangsweise von ihr verlangte. Der Infant bekniete nun seinen Vater, doch ihn zu entsenden. Aber Philipp dachte nicht einmal daran. Er betraute im April 1567 den Herzog von Alba mit der Statthalterschaft in der aufmüpfigen Provinz.

Don Carlos wurde bleich vor Wut, als er davon Kenntnis erhielt, ausgerechnet Alba, auf den er seit jeher eifersüchtig war, weil dieser ein so enges Verhältnis zum König hatte. Ausgerechnet Alba, der ihn immer ganz besonders herablassend behandelte. Wieder einmal war er unfähig sich zu beherrschen. Von Wut und Enttäuschung übermannt, zog er seinen Dolch und stürzte auf den Herzog zu. Doch dieser, ein großer, kräftiger Mann, wehrte den kleinen, schwächlichen Infanten mühelos ab.

Philipp II. aber war durch diesen Auftritt seines Sohnes einmal mehr in seiner Meinung bestärkt, dass Don Carlos unzurechnungsfähig war. Es wurde immer offensichtlicher, dass er von diesem Sohn nichts mehr erwarten konnte. Und angesichts der Eskapaden des Infanten und des Hasses, mit dem er ihn, seinen Vater, verfolgte, kann man es Philipp wohl nicht verdenken, wenn das Mitleid, das er bis jetzt für seinen Sohn empfunden hatte, gelegentlich in eine tiefe Abneigung umschlug. Vielleicht stellte er auch bereits Überlegungen an, Don Carlos auf irgendeine Weise aus dem Verkehr zu ziehen. Zumindest berichtete der französische Botschafter, Fourquevaux, in einem Brief nach Paris am 24. August 1567, der König plane seinen Sohn in Verwahrung zu nehmen. Es wäre nicht das erste Mal gewesen, dass ein Familienmitglied des spanischen Königshauses wegen Geistesgestörtheit in Verwahrung genommen wurde. Philipps eigene

Großmutter, Johanna die Wahnsinnige, war erst vor einigen Jahren, nämlich 1555, in der Zitadelle von Tordesillas nach jahrzehntelanger Gefangenschaft gestorben.

Als weiteres Indiz wurde der Ausschluss Don Carlos' aus dem Staatsrat Anfang Dezember 1567 gewertet. Die Unfähigkeit und das Benehmen des Infanten hatten diesen Schritt im Sinne der Staatsräson notwendig gemacht. Das Verhältnis des Königs zu seinem Sohn aber verschlechterte sich dadurch noch mehr.

Don Carlos spürte offenbar ebenfalls, dass etwas im Busch war.

Inzwischen war es Weihnachten geworden. Philipp II. hatte sich in den Escorial begeben. Er brauchte Ruhe und Zeit zum Nachdenken, denn es handelte sich nun nicht mehr bloß um eine dynastische Angelegenheit, sondern es ging vor allem um die Zukunft Spaniens. Das Verhalten seines Sohnes in den folgenden Tagen brachte den König schließlich zu einer Entscheidung.

Don Carlos war in Madrid geblieben. Er war sehr unruhig und überzeugt, dass ihm sein Vater nach dem Leben trachtete. Eine fieberhafte Aktivität erfasste ihn. Er fertigte Listen seiner Freunde und Feinde an, machte Aufzeichnungen für seine künftige Regierung in den Niederlanden, vor allem aber plante er seine Flucht.

Als Erstes begann er Geld für sein Unternehmen aufzutreiben. Er wandte sich an einige spanische Granden, die er für seine Freunde oder zumindest für Gegner seines Vaters hielt, um Hilfe. Tatsächlich spendeten einige von ihnen größere Summen, sodass der Infant schließlich einen beachtlichen Betrag zusammenhatte. Andere aber witterten Verrat und wandten sich an den König. Philipp II. scheint also von Anfang an vom Tun seines Sohnes informiert gewesen zu sein.

Don Carlos ging bei seinen Fluchtvorbereitungen so unvorsichtig vor, dass man es nur als geistesgestört oder als selbstmörderisch bezeichnen konnte. Doch er schien es nicht zu bemerken und fuhr unbeirrt fort. Und es gab auch niemanden, selbst unter seinen angeblichen Freunden nicht, der ihn gewarnt oder versucht hätte, ihn von seinen fatalen Plänen abzubringen, Plänen, die an Hochverrat grenzten. Man ließ den Infanten das Netz weben, in dem er sich schließlich selbst verfangen sollte.

Zu den Personen, denen Don Carlos vertraute, zählte an aller-

erster Stelle sein Onkel, Don Juan de Austria. Ihn hatte er in seine Pläne eingeweiht und um seine Unterstützung gebeten. Don Juan hatte um Bedenkzeit gebeten.
Während der Infant auf eine Entscheidung seines Freundes wartete, informierte dieser den König von den Fluchtplänen seines Sohnes. Don Juan verdankte Philipp die Anerkennung als legitimierten Bruder und den einflussreichen Posten eines militärischen Oberbefehlshabers. Er war klug genug um zu erkennen, dass man auf den Infanten nicht bauen konnte. Don Carlos lief Hirngespinsten nach. Die Macht würde auch noch in den nächsten zwei Jahrzehnten bei Philipp II. liegen.
Inzwischen wurde Don Carlos immer ungeduldiger. Er fieberte seiner Flucht aus Spanien entgegen. Jetzt wollte er sich offenbar noch rasch sein Unternehmen vom Allerhöchsten absegnen lassen. Er ging zur Beichte. Was der Geistliche da jedoch zu hören bekam, verschlug ihm nicht nur die Sprache, sondern brachte ihn in ein Dilemma. Der Prinz wollte die Absolution für einen Mord, den er möglicherweise begehen könnte. Auf die Frage des Paters, gegen wen er denn solchen Hass verspüre, dass er imstande sei, zu töten, antwortete Don Carlos, es sei eine ihm sehr nahe stehende Person. Der Gottesmann verweigerte die Absolution. Er ahnte, von wem hier die Rede war, und fühlte sich daher nicht mehr an das Beichtgeheimnis gebunden. Er informierte den König.
Immer noch rang Philipp mit sich selbst um eine Entscheidung.
Am 17. Januar 1568 kehrte er schließlich von seinem Weihnachtsaufenthalt im Escorial nach Madrid zurück. Noch am selben Tag rief er seine Berater, Theologen und Juristen zu einer wichtigen Besprechung zu sich. Man war sich rasch darüber einig, dass Don Carlos eine ernste Gefahr für den Staat darstellte und Maßnahmen nötig waren.
Während der Frühmesse am nächsten Morgen saßen der König und sein Sohn einträchtig nebeneinander. In ihren Köpfen aber rasten die Gedanken. Die Atmosphäre war gespannt. Philipp wartete, was sein Sohn als Nächstes tun würde.
Der Infant hatte für die kommende Nacht Pferde bestellt. Jetzt wartete er nur noch auf die Zusage seines Onkels, der versprochen hatte mit ihm zu fliehen. Doch Don Juan lehnte im letzten

Augenblick ab. Der Infant fühlte sich verraten. Voller Wut und Enttäuschung zog er den Degen, um sich auf den Oheim zu stürzen. Herbeieilende Diener aber hielten ihn zurück. Erschöpft, verzweifelt und Schlimmes ahnend eilte Don Carlos in sein Zimmer und schloss sich ein.

Der König, der vom Generalpostmeister über die bevorstehende Abreise seines Sohnes natürlich bereits informiert war, sah nun endgültig den Zeitpunkt gekommen, seinerseits aktiv zu werden.

Noch in derselben Nacht drang Philipp II. persönlich, begleitet von vier Edelleuten, in die Gemächer des Prinzen ein. Man war für einen möglichen tätlichen Angriff gewappnet, da man wusste, dass Don Carlos, seit er sich bedroht fühlte, immer mit einer Waffe neben seinem Kopfpolster schlief. Doch der Infant war vom Eintreffen seines Vaters so überrumpelt, dass man ihn entwaffnet hatte, bevor er überhaupt nach der Pistole greifen konnte. Als er den König erblickte, rief er aus: »Wollen mich Eure Majestät töten oder einsperren?« Er traute dem verhassten Vater offenbar alles zu.

Man brachte Don Carlos in einen entlegenen Turm des Alcázars und stellte ihn unter strenge Bewachung. »Ich bin nicht verrückt«, schrie er immer wieder, doch war sein Verhalten kaum dazu angetan, ihm zu glauben. Um zu verhindern, dass er sich bei einem seiner Tobsuchtsanfälle etwas antat, wurden ihm sämtliche spitzen und scharfen Gegenstände abgenommen. Das Essen war bereits vorgeschnitten, sodass er kein Messer benötigte.

Don Carlos aber schien fest entschlossen, seinem Leben ein Ende zu machen. Nachdem sein Versuch, sich durch das Verschlucken eines Diamantringes zu töten, gescheitert war, trat er in den Hungerstreik. Doch man zwang ihn mit Gewalt zum Essen. Daraufhin änderte der Prinz seine Taktik und begann nun, Unmengen von Nahrung in sich hineinzustopfen. Kein Wunder, dass sein von den vorhergegangenen Hungerstreiks entwöhnter Verdauungsapparat rebellierte und seine ohnedies seit jeher schwächliche Konstitution durch solche Maßnahmen noch mehr beeinträchtigt wurde.

Philipp II. hatte inzwischen sämtliche Papiere seines Sohnes beschlagnahmen lassen. Aus diesen Schriften ging nicht nur der abgrundtiefe Hass hervor, den der junge Mann gegen seinen Vater hegte, sie hätten auch genügend Material geliefert, um Don Carlos wegen Hochverrats vor Gericht zu stellen. Aber der König wollte keinen Prozess, zum einen weil es seinem Gerechtigkeitsgefühl widersprach, einen unzurechnungsfähigen Kranken zu bestrafen, zum anderen weil er nicht das grelle Licht der internationalen Öffentlichkeit auf die Tragödie seines Sohnes lenken wollte.

Philipp II. hüllte sich also in Schweigen und nur selten ließ er erkennen, was damals in ihm vorging. Zumeist bewahrte er Haltung, gab sich kalt und ungerührt. Nur seine engste Umgebung wusste, dass er mit den Tränen gekämpft hatte, als er den Beschluss fasste, seinen Sohn von der Thronfolge auszuschließen.

Im April wurde Don Carlos' Haushalt aufgelöst und seine Pferde an Don Juan und die Erzherzöge Rudolf und Ernst aufgeteilt. Alles ging ohne großes Aufsehen vor sich, um keine Unruhe in der Bevölkerung heraufzubeschwören. Man war offenbar bemüht, den Mantel des Schweigens über das Schicksal des Königssohnes zu breiten. Philipp untersagte sogar seiner Gemahlin und seiner Schwester, Don Carlos zu besuchen, ja er wollte nicht einmal, dass der Name seines Sohnes bei Hofe erwähnt wurde.

Diese Taktik des Verheimlichens sollte sich allerdings als in höchstem Maße unklug herausstellen. Denn sie leistete Gerüchten und Spekulationen Vorschub. In Spanien wie im Ausland wurde geredet. Nicht jeder gab sich mit der dürren offiziellen Erklärung zufrieden, der Infant sei geisteskrank und das Interesse des Staates habe seine Internierung erforderlich gemacht.

Kaiser Maximilian II. war äußerst beunruhigt. Er kündigte an, seinen Bruder, Erzherzog Karl, nach Spanien zu senden, um Aufklärung über das Geschehen zu erhalten. Daraufhin schrieb ihm Philipp im Mai 1568 den folgenden Brief: »Die Schäden, welche nach Gottes Ratschluss zur Strafe für meine Sünden am Prinzen haften, sowohl was seinen Verstand als auch was seine Natur betrifft, haben sich im Laufe seines Lebens derart geäußert und wiederholt gezeigt, dass ich schon seit langem überzeugt war, ihn in Gewahrsam nehmen zu müssen, um meinen Verpflichtungen gegen Gott und meine Reiche zu genügen. Trotzdem verschob ich die Ausführung dieser Pflicht aus väterlicher Liebe und aus dem Wunsch, diese Maßnahme völlig rechtfertigen zu können, und um mir nicht später vorwerfen zu müssen, dass ich auch das geringste Mittel vernachlässigt hätte, um Abhilfe durch weniger unschickliche Mittel zu schaffen. ... Das Obengesagte wird Eurer Hoheit deutlich den von mir gefassten Beschluss und sein Ziel erklären. Eure Hoheit wird verstehen, dass die Haft des Prinzen nicht wegen eines gegen mich begangenen Verbrechens erfolgt ist, dass auch keine religiöse Schuld zugrunde liegt; und ebenso ist diese Haft kein Mittel, das angewendet wurde, um ihn zu bessern; denn dazu ist keine Hoffnung vorhanden, da seine Schwächen in seiner Natur liegen und sich mit den Jahren verstärkt haben; sie ist schließlich auch nichts Vorübergehendes, sondern etwas Unabänderliches.«

Ähnlich rechtfertigte er sich Papst Pius V. gegenüber: »Da es Gottes Wille war, dass der Prinz so schwere mentale und physische Defekte habe, dass er nicht regierungsfähig ist, sah ich die großen Gefahren, die entstehen würden, wenn er die Nachfolge anträte; daher stand nach langer und sorgfältiger Überlegung und nach vergeblicher Prüfung sämtlicher Alternativen fest, dass wenig oder gar keine Aussicht auf eine Besserung seines Zustandes bestand, um rechtzeitig das vorhersehbare Übel zu vermeiden. Meine Entscheidung war also notwendig.«

Inzwischen war es Sommer geworden. Die Hitze in dem engen, fast fensterlosen Turm wurde derart unerträglich, dass man mehrmals täglich den Steinboden im Zimmer des Infanten mit Wasser kühlen musste. Don Carlos trank literweise eisgekühltes Wasser und ließ sich sogar Eisblöcke ins Bett legen. Kein Wunder, dass sein durch die Ess- und Hungereskapaden und den völligen Bewegungsmangel der vergangenen Monate schwer geschwächter Körper damit überfordert war. Am 19. Juli 1568 erkrankte der Prinz schwer.

Sein malträtierter, armseliger Leib war am Ende. Doch sein Geist schien sich noch einmal aufbäumen zu wollen und erhellte sich. Plötzlich war Don Carlos ein anderer, ruhig, klar, heiter. Am 22. Juli 1568 diktierte er noch sein Testament. Dann legte er die Beichte ab und bat den König um Verzeihung. Er wollte den

Vater noch einmal sehen, doch Philipp verwehrte ihm diesen Wunsch. Als der König schließlich dann doch ans Bett seines Sohnes kam, war Don Carlos bereits bewusstlos. Am 24. Juli 1568 um ein Uhr früh war der 23-Jährige tot.

Philipp II. ließ ihn mit allen dazugehörigen Würden und Zeremonien im Escorial bestatten. Doch der mysteriöse Tod des Don Carlos sollte für immer einen Schatten auf ihn werfen. Der Verdacht, er habe seinen Sohn ermorden lassen, schwebte fortan über ihm.

Die Gerüchteküche erhielt neue Nahrung, als wenige Monate nach Don Carlos auch Königin Isabella, ebenfalls erst 23-jährig, verstarb. Isabella hatte ihren Stiefsohn gemocht und sie war verständlicherweise sehr betroffen über sein Schicksal. Mag sein, dass all diese Aufregungen dazu führten, dass die junge Frau am 3. Oktober 1568 eine Frühgeburt hatte, die sie nicht überlebte.

Schon kurz nach Isabellas Tod nahm Philipp Heiratsverhandlungen mit seinem Vetter, Kaiser Maximilian II., auf, und im November 1570 machte er wiederum eine Braut seines Sohnes zu seiner Frau: Erzherzogin Anna, 21 Jahre alt und seine leibliche Nichte. Diese Heirat aber veranlasste die Gegner des Königs, ihn nun auch noch zum Doppelmörder zu stempeln, indem sie ihm nicht nur den Tod seines Sohnes, sondern auch den seiner Gemahlin anlasteten.

Urheber dieser Gerüchte, die sich über die Jahrhunderte hielten, war Philipps erbitterter Feind, der niederländische Freiheitskämpfer Wilhelm von Oranien, der noch 1581 in einer Flugschrift behauptete: »... Philipp hat seine leibliche Nichte, die Erzherzogin Anna von Österreich, geheiratet und zu dieser Inzestehe, die dem Schimpf der Verbindung des Geschwisterpaares Jupiter und Juno bedenklich nahe kommt, die Dispens des römischen Papstes erhalten. Gottes Stellvertreter auf Erden hat damit etwas erlaubt, was Gott im Himmel nie und nimmer würde gutgeheißen haben. Philipp hat, um diese blutschänderische Ehe schließen zu können, seine legitime Gattin Isabella von Valois, die Mutter seiner zwei Töchter und Erbinnen, durch Mord beseitigt. ... Philipp hat seinen Sohn und Erben Don Carlos durch Mörderhand aus der Welt schaffen lassen, weil er nicht wollte, dass der ihm verhasste Sprössling ... den Thron seiner Väter besteige ...«

Die Anschuldigungen, die der Niederländer hier erhebt, wurden nie bewiesen und entsprechen wahrscheinlich auch nicht der Wahrheit. Dennoch haben sie das Bild Philipps II. nachhaltig geprägt. Spätere literarische und musikalische Bearbeitungen der Geschichte des Don Carlos haben den König von Spanien endgültig in Verruf gebracht, woran auch neuere historische Forschungen nichts mehr ändern können.

Machtkampf im Hause Habsburg

Rudolf II. und sein Bruder Matthias

Der 16-jährige Rudolf und der 15-jährige Ernst von Österreich waren Zeugen der Tragödie ihres Vetters geworden. Das Schicksal des Don Carlos und die harte, unnachgiebige Haltung ihres Onkels hatten vor allem den hochsensiblen Rudolf tief erschüttert. Seine verborgenen Ängste bekamen dadurch Auftrieb: die Angst vor den Anforderungen der hohen Stellung, die ihn erwartete, die Angst vor den Menschen, die Angst vor dem Leben. Mag sein, dass er damals begann, sich noch mehr in sich zurückzuziehen und von der Welt abzuwenden.

Der spätere Rudolf II. war zwar nicht geisteskrank wie sein spanischer Cousin, doch zählt auch er zu den vielen »seltsamen« Habsburgern. Die Bewertungen dieses tragischen Fürsten gehen sowohl hinsichtlich seiner Persönlichkeit als auch seiner Politik weit auseinander; lediglich seine herausragende Leistung als Förderer von Kunst und Wissenschaft wird einstimmig hervorgehoben.

Rudolf war das dritte Kind des späteren Kaisers Maximilian II. und seiner Gemahlin Maria von Spanien, der Schwester Philipps II. Er kam am 18. Juli 1552 zur Welt, drei Wochen nach dem Tode seines Bruders Ferdinand. Die ersten Jahre seiner Kindheit, die er in Wien verlebte, waren unbeschwert. Gemeinsam mit seinem um ein Jahr jüngeren Bruder Ernst genoss Rudolf eine gute, breit gefächerte Erziehung.

Rudolf war ein intelligentes und wissbegieriges Kind, dessen ausgeprägter Sensibilität die Spannungen, die zwischen seinen Eltern herrschten, nicht verborgen blieben. Maximilian und Maria führten zwar trotz ihrer grundverschiedenen Temperamente eine erstaunlich gute Ehe, der nicht weniger als 16 Kinder entsprangen, doch wenn es um die Religion ging, war es aus mit der Harmonie im Hause Habsburg. Maximilian machte nämlich – sehr zur Besorgnis seines Vaters, Ferdinand I., und seines Onkels, Karl V., – kein Hehl aus seinem Hang zum Protestantismus. Maria hingegen war als echte Spanierin eine fanatische Katholikin, die alles daran setzte, ihren »ketzerischen« Gatten zu bekehren.

Von Jugend an erlebte Rudolf also sozusagen die religiösen Auseinandersetzungen, die Europa damals erschütterten, am eigenen Leib. Er war hin- und hergerissen zwischen dem Glauben der Mutter und dem Glauben des Vaters, ohne irgendwo wirklich Halt zu finden.

Vater Maximilian war allerdings aus Gründen der Staatsräson gezwungen, seine religiöse Haltung ein Leben lang zu verleugnen. Denn ein offenes Bekenntnis zum Protestantismus wäre für den künftigen Kaiser des Heiligen Römischen Reiches, der bei seiner Krönung gelobte die katholische Religion zu verteidigen, wohl ausgesprochen unpassend gewesen. Ferdinand I. fürchtete bereits um die Kaiserkrone, welche er unbedingt im österreichischen Zweig des Hauses Habsburg halten wollte. Dass die heiß begehrte Krone vielleicht an seinen Vetter und Schwager, Philipp II., fallen könnte, diese Gefahr rüttelte schließlich sogar Maximilian auf. Er sah ein, dass er nicht nur sein eigenes, sondern auch das Erbe seines Sohnes aufs Spiel setzte. Also versprach er Katholik zu bleiben und sicherte sich damit die Unterstützung des Papstes bei der Wahl zum römisch-deutschen König und das Einlenken Philipps II. Anderthalb Jahre später, im Juli 1564, konnte er somit ungehindert seinem Vater auf dem Kaiserthron nachfolgen.

Der König von Spanien aber forderte für seine Zustimmung eine Sicherheit: Maximilian sollte seine beiden ältesten Söhne nach Madrid schicken, damit sie dort zu guten Katholiken erzogen würden. Schweren Herzens willigte Maximilian ein.

Im Herbst 1563 wurden der zwölfjährige Rudolf und der elf-

jährige Ernst also aus ihrer gewohnten familiären Umgebung gerissen und in Begleitung des Grafen Adam von Dietrichstein auf die lange Reise nach Spanien geschickt.
Im März 1564 trafen sie endlich in Barcelona ein, wo sie von ihrem Onkel höchstpersönlich empfangen wurden. Philipp II. war sehr um seine Neffen bemüht, sowohl was ihre Unterbringung als auch was den Unterricht und das Vergnügen betraf. Dennoch wurden die beiden Knaben in Spanien nie wirklich heimisch, obwohl ihr Aufenthalt immerhin sieben Jahre dauern sollte.
Anders als am Wiener Hof, wo es damals noch relativ locker zuging, regelte in Madrid das »spanische Hofzeremoniell« alles bis ins kleinste Detail. Philipp II. hatte es 1548 nach dem Vorbild des burgundischen Zeremoniells einführen lassen. Jede Bewegung, jeder Schritt, jedes Wort, alles war genau vorgeschrieben. Rudolf empfand dieses Korsett anfangs als erdrückend, später allerdings begann er daran Gefallen zu finden, als er erkannte, dass das Zeremoniell wie ein Schutzschild wirkte. Denn wie sein Onkel war auch Rudolf kein jovialer, geselliger Typ, sondern introvertiert, scheu und verschlossen. Auch er sollte einmal lieber die Zurückgezogenheit und die Einsamkeit seines Palastes suchen als das Bad in der Menge. Bis dahin sollten noch einige Jahre vergehen.
Vorerst musste Rudolf seine Lehrzeit in Spanien absolvieren. Der intelligente und wissbegierige Knabe eignete sich in diesen Jahren eine hohe Bildung an. Er sprach mehrere Sprachen fließend, sein besonderes Interesse aber galt der Mathematik und den Naturwissenschaften. Vor allem die Astronomie und die Astrologie hatten es ihm angetan. Rudolf erwies sich als guter und sehr angenehmer Schüler, der sich widerstandslos allen Aufgaben und Prüfungen unterzog.
Zweck des Spanien-Aufenthaltes war aber vor allem die religiöse Unterweisung Rudolfs und seines Bruders. Indem er die Neffen an Ketzergerichten und Autodafés teilnehmen ließ, führte ihnen Philipp II. die Macht des Katholizismus vor Augen. Rudolf war von diesen schaurigen Schauspielen beeindruckt, wahrscheinlich aber noch mehr verwirrt und abgestoßen. Ohne dass er es bemerkte, fielen Philipps Bemühungen zumindest bei Ru-

dolf nicht auf fruchtbaren Boden. Der Erzherzog, der immer noch auf der Suche nach einer religiösen Heimat war, sollte diese nicht im Katholizismus finden, allerdings auch nicht im Protestantismus, der – das hatte er begriffen – nicht mit der Würde eines römisch-deutschen Kaisers vereinbar war. Und so würde Rudolf letztlich im Aberglauben Zuflucht suchen.

Rudolf war 15 Jahre alt, als er das erste Mal in das politische Geschehen einbezogen wurde. In den Niederlanden war es zum Aufstand gekommen und die Berichte vom brutalen Vorgehen des Herzogs von Alba waren bis nach Wien gelangt. Nicht allein seine Sympathien für den Protestantismus, sondern Friedensliebe und Toleranz bewogen den Kaiser, seinem Sohn zu schreiben, dass er sich für die verhafteten Grafen Egmont und Hoorn bei Philipp II. einsetze. Mit diesem Ansinnen brachte Maximilian Rudolf jedoch in ein Dilemma. Auf der einen Seite versuchte man hier in Spanien, ihm die Alleingültigkeit des Katholizismus einzubläuen, auf der anderen Seite verlangte sein Vater von ihm, dass er sich zum Befürworter von protestantischen Rebellen machte. Natürlich tat Rudolf, wie ihm geheißen; und ebenso natürlich stieß er damit bei Philipp II. auf taube Ohren. Egmont und Hoorn wurden am 5. Juni 1568 hingerichtet.

Die Ereignisse rund um den Tod des Don Carlos verstärkten bei den beiden Erzherzögen die Sehnsucht nach der Heimat. Es war nun schon über vier Jahre her, seit sie Wien verlassen hatten. Aber immer noch fühlten sie sich fremd am Madrider Hof, der durch den Tod von Königin Isabella jede Heiterkeit und jedes Leben verloren hatte. Die Atmosphäre war düster und bedrückend. Sehnsüchtig wünschten Rudolf und Ernst den Tag ihrer Abreise herbei. Doch sie mussten noch über zwei Jahre lang darauf warten.

Philipp II. hatte keinen männlichen Erben. Nur die beiden Töchter aus der Ehe mit der verstorbenen Isabella. Es lag also durchaus im Bereich des Möglichen, dass die Krone Spaniens dereinst auf Rudolf überging. Daher wollte ihn Philipp auch weiterhin hierbehalten.

Es war ihre älteste Schwester, Anna, die Rudolf und Ernst schließlich die Heimreise ermöglichte. Sie traf im November

Rudolf II. (1552–1612)

1570 als neue Königin von Spanien in Madrid ein. In ihrer Begleitung befanden sich ihre Brüder Albrecht und Wenzel, elf und zwölf Jahre alt, die Rudolf und Ernst nun gewissermaßen als Geiseln ihres Onkels ablösten. Außerdem wurde Anna schon bald nach der Hochzeit schwanger und stellte damit ihre Fruchtbarkeit unter Beweis, sodass die beiden Erzherzöge im Mai 1571 nach siebenjährigem Aufenthalt Spanien endlich verlassen durften.
Zuvor jedoch hatte Philipp II. seinen Neffen, der nun auch sein Schwager war, sicherheitshalber noch mit seiner ältesten Tochter, der damals fünfjährigen Isabella Clara Eugenia, verlobt, auf dass die Krone Spaniens in jedem Fall im Hause Habsburg blieb. Doch dank seiner vierten Gemahlin ging die Linie der spanischen Habsburger weiter. Anna erfüllte endlich Philipps Erwartungen. Sie schenkte ihm fünf Kinder, darunter gleich vier Söhne, von denen jedoch nur der 1578 geborene spätere Philipp III. überleben sollte.

Mit großer Freude machten sich Rudolf und Ernst auf den Weg nach Wien.
Doch es war die Heimkehr zweier Fremder. Das spanische Exil hatte die beiden Jünglinge nicht nur verändert, sondern stark geprägt. Rudolf und Ernst traten wie spanische Infanten auf, steif, stolz und abgehoben, und nicht wie österreichische Erzherzöge, leger, jovial und volkstümlich. Die Mutter, die im Herzen immer Spanierin geblieben war, zeigte sich zwar vom spanischen Gehabe ihrer Söhne sehr angetan, doch Maximilian II. war schwer enttäuscht. Und wie der Kaiser waren auch der Hof und die Bevölkerung vom Benehmen der beiden Prinzen irritiert.
Selbst innerhalb der Familie fanden sich Rudolf und Ernst nur schwer zurecht. Nach siebenjähriger Abwesenheit kannten sie ihre Geschwister kaum. Zwei von ihnen, Margaretha und Eleonore, waren überhaupt erst nach ihrer Abreise zur Welt gekommen, während ihre Schwester Elisabeth inzwischen mit Karl IX. von Frankreich vermählt worden war. Von den beiden Brüdern Maximilian und Matthias, nunmehr 13 und 14 Jahre alt, wussten sie so gut wie nichts und die beiden sollten ihnen ihr Leben lang fremd bleiben.

Vor allem zwischen Rudolf und Matthias stellte sich nie eine freundschaftliche Beziehung ein. Sie begegneten einander stets mit Misstrauen. Dabei galt Matthias sonst als fröhlicher, friedliebender und umgänglicher Jüngling. Doch, was offenbar noch niemandem wirklich aufgefallen war, in dem nur mittelmäßig Begabten schlummerte auch ein wilder Ehrgeiz. Neidvoll blickte er auf seinen ältesten Bruder, dem einmal alles zufallen würde, was er so sehr für sich selbst begehrte. Neidvoll musste er zusehen, wie Rudolf 1572 zum König von Ungarn und 1575 zum König von Böhmen gekrönt wurde.

Für Kaiser Maximilian war es allerdings gar nicht so einfach gewesen, die Krönung seines Sohnes durchzusetzen. In beiden Ländern hatte der Protestantismus eine beachtliche Verbreitung gefunden. Auch viele einflussreiche Adelsfamilien hingen der reformierten Religion an. Die Stände hatten nun ihre Bedenken, dass der in Spanien erzogene Erzherzog das Werk der religiösen Konzilianz seines Vaters wieder rückgängig machen könnte. Die Nachrichten von der blutigen Bartholomäusnacht in Paris lagen gerade erst wenige Wochen zurück und viele Menschen hatten Angst, es könnte zu Zuständen wie in Frankreich kommen. Doch wie schon so oft gelang es Maximilian II. mit Zusagen und Versprechungen, sein Ziel zu erreichen. Er gewann den böhmischen und den ungarischen Adel für sich, ohne den Papst und die Spanier zu verärgern. Am 27. Oktober 1575 wurde Rudolf schließlich in Regensburg zum römisch-deutschen König gewählt und kurz darauf vom Erzbischof von Mainz gekrönt.

Eine Niederlage musste Kaiser Maximilian trotzdem einstecken. Er hatte gehofft, für seinen zweitältesten Sohn Ernst die Krone Polens zu gewinnen. Doch der polnische Adel entschied sich letztendlich für Anna, die Tochter des verstorbenen Königs Sigismund II. August, und deren Gemahl Stefan Bathory. Zwar wollte sich Maximilian nicht so rasch geschlagen geben und rüstete zum Feldzug gegen Polen, doch der Tod kam ihm zuvor. Er starb am 12. Oktober 1576 in Regensburg.

An seinem Sterbebett prallten noch einmal die religiösen Gegensätze, die sein Leben wie seine Regierungszeit geprägt hatten, aufeinander. Maximilian lehnte es trotz inständiger Bitten seiner Gattin und seiner Schwester Anna ab, die Sterbesakramente zu empfangen. »Mein Prediger ist im Himmel«, sagte er und brachte damit ein letztes Mal seine protestantische Neigung zum Ausdruck. Mit den Worten »Ich ergebe mich in den Willen Gottes, da ich weiß, dass ich meine Pflicht gegen den Schöpfer erfüllt habe« verschied der Kaiser, der vergeblich versucht hatte, ein Klima der Toleranz zwischen Katholiken und Protestanten in seinem Reich herzustellen. Bereits in der nächsten Generation sollte halb Europa in den längsten und blutigsten Glaubenskrieg der Geschichte stürzen.

Mit 24 Jahren war Rudolf II. Alleinerbe des Habsburgerreiches. Niemand wusste so recht, was von ihm zu erwarten war. Vor allem unter den Protestanten ging die Angst um. Wie gespannt die Atmosphäre war, das zeigte sich bereits beim Begräbnis des verstorbenen Kaisers in Prag: Gerade als sich der Trauerzug über die Karlsbrücke in Richtung Veitsdom bewegte, kam es in der Menge zu einem Tumult. Viele dachten natürlich sofort an die Bartholomäusnacht von Paris vor vier Jahren und befürchteten einen Anschlag der Katholiken. Panik brach aus. Die Menschen liefen durcheinander. Fahnen und Insignien wurden fallen gelassen, zahlreiche Würdenträger verließen den Trauerzug und ergriffen die Flucht.

Rudolf hatte einen Vorgeschmack auf die Spannungen in seinem Reich erhalten, und vielleicht hatte er es deshalb so eilig, sich krönen zu lassen. Nachdem er am 27. Oktober 1576 zum Kaiser des Heiligen Römischen Reiches deutscher Nation gewählt worden war, fand bereits wenige Tage später, am 1. November, die feierliche Krönung statt. Das furchtsame, abergläubische Volk aber raunte: Eine Krönung noch vor Ende der Trauerzeit und dann ausgerechnet am 1. November, dem Tag der Toten, das war ein böses Omen!

Tatsächlich wartete gleich zu Beginn seiner Herrschaft eine Reihe von Schwierigkeiten auf den jungen Kaiser. Vor allem die eigene Familie sollte immer wieder Quell von Ärger und Intrige sein. Die Entfremdung zu seinen Brüdern begann negative Auswirkungen zu zeigen.

Der Einzige, zu dem Rudolf ein wirkliches Naheverhältnis hatte, war Ernst, der mit ihm das spanische Exil geteilt hatte. Ihm vertraute er daher jetzt die Statthalterschaft von Nieder- und Oberösterreich an.

Auch Wenzel und Albrecht bereiteten ihm keine Probleme, denn sie befanden sich immer noch in Spanien und waren damit weit weg vom Schuss. Ersterer starb im September 1578 in Madrid, der andere wurde von Philipp II. versorgt. Bei Albrecht war seine katholische Indoktrinierung offenbar erfolgreicher gewesen als bei Rudolf. Er hatte eine klerikale Laufbahn eingeschlagen, wurde Erzbischof von Toledo und dann Kardinal. Später sollte er jedoch die rote Robe ablegen, um Philipps Vizekönig von Portugal zu werden.

Blieben noch die beiden mittleren Brüder, Maximilian und Matthias. Mit ihnen sollte der Kaiser jedoch seine liebe Not haben. Der 1558 geborene Maximilian bekleidete das Amt eines Koadjutors des Hoch- und Deutschmeister-Ordens, bevor auch er sich politisch engagierte. Dies allerdings mit wenig Erfolg.

1587 bewarb sich Maximilian um die wieder einmal zur Disposition stehende polnische Krone. Doch sein Kontrahent, der schwedische Thronfolger Sigismund Wasa, setzte sich durch. Erzherzog Maximilian erwies sich als schlechter Verlierer und zog mit einer Armee nach Polen. Dort wartete jedoch bereits die nächste Niederlage auf ihn. Er wurde besiegt und gefangen genommen. Erst als sein kaiserlicher Bruder zusagte, jegliche Ansprüche Habsburgs auf den polnischen Thron für immer aufzugeben, kam er 1589 wieder frei.

Am schwierigsten war jedoch Rudolfs Verhältnis zu seinem um fünf Jahre jüngeren Bruder Matthias. Die beiden konnten einander von Anfang an nicht ausstehen. Durch eine eigenmächtige und unbedachte Aktion von Matthias wurde nun die Beziehung der beiden Brüder endgültig und dauerhaft vergiftet.

Der ehrgeizige Matthias litt unter der Rolle des Drittgeborenen. Von seinem kaiserlichen Bruder erwartete er keinerlei Förderung. Also entschloss er sich, auf eigene Faust Karriere zu machen.

Es war nur zwei Tage nach dem Tod des Vaters, als der 20-jährige Erzherzog mit dem Abgesandten der niederländischen Generalstaaten Kontakt aufnahm. Er bot sich der von religiösen Auseinandersetzungen und vom Freiheitskampf erschütterten Pro-

vinz als Vermittler an. Er hoffte, die Niederlande für das Reich zu retten und sich dadurch mit Ruhm zu bedecken. Ein Jahr später schritt Matthias zur Tat.
Mit rußgeschwärztem Gesicht seilte er sich in der Nacht zum 3. Oktober 1577 aus dem Fenster seiner Wohnung in der Hofburg ab und stahl sich als Diener verkleidet aus der Stadt. Sein Ziel war Brüssel, wo er sich bereits sehnsüchtig erwartet wähnte. Doch er musste nur allzu bald erkennen, dass er sich auf eine Aufgabe eingelassen hatte, der er nicht im Geringsten gewachsen war. Außerdem hatte er sich mit seinem eigenmächtigen Handeln überall Feinde geschaffen. Philipp II. war empört über diese Einmischung, sein kaiserlicher Bruder fühlte sich hintergangen und der Führer der niederländischen Protestanten, Wilhelm von Oranien, hatte auch keine Freude, da die Einladung an den Habsburger einseitig von den katholischen Provinzen im Süden der Niederlande ausgesprochen worden war. Dennoch wurde Matthias 1578 als Generalstatthalter angenommen. Doch bald war klar, dass er auf völlig verlorenem Posten stand. Seine finanziellen Mittel waren ebenso beschränkt wie seine Machtbefugnisse. Im Staatsrat führte der Oranier das Wort und bereits im März 1580 musste der Erzherzog wieder abdanken. Die nördlichen Provinzen der Niederlande hatten sich in der Utrechter Union vereinigt, um sich 1581 von Spanien loszusagen. Nur noch der südliche, das heutige Belgien umfassende Teil blieb dank des harten Durchgreifens von Philipps Neffen, Alessandro Farnese, katholisch und bei Spanien. Matthias' selbst gewählte Mission, die Niederlande dem Reich zu erhalten, war gescheitert. Mit hängendem Kopf musste er die Heimreise antreten.
Der Gedanke, seinem kaiserlichen Bruder gegenüberzutreten, erfüllte ihn nicht gerade mit Freude. Also ließ er sich in Linz, wo er im März 1582 eintraf, vorläufig nieder. Aus sicherer Distanz forderte er Rudolf auf, ihm eine österreichische Provinz zur Verwaltung zur übertragen. Der Kaiser jedoch, der verständlicherweise über das zwar gut gemeinte, letztlich aber haarscharf am Verrat vorbeigegangene und auch noch überaus blamable Vorgehen von Matthias verärgert war, stellte sich taub. Er misstraute dem Bruder jetzt noch mehr als zuvor.
Von Geldsorgen geplagt und sich vergeblich um eine Aufgabe

bemühend, fristete der in Ungnade gefallene Erzherzog in Linz sein Dasein. Erst das Jahr 1593 brachte eine Wende. Sein Bruder Ernst wurde zum Nachfolger des kürzlich verstorbenen Alessandro Farnese als Generalstatthalter der spanischen Niederlande ernannt. Auf Intervention der Mutter durfte nun Matthias das vakant gewordene Amt des Gouverneurs von Ober- und Niederösterreich übernehmen. Außerdem wurde er im soeben ausgebrochenen Krieg gegen die Türkei mit dem Oberbefehl über die Truppen in Ungarn betraut.

Das familiäre Klima im Hause Habsburg war zu jener Zeit alles andere als herzlich. Sogar das Verhältnis Rudolfs zu seiner Mutter war stark abgekühlt, nachdem der junge Kaiser sich gleich zu Beginn seiner Herrschaft jede Einmischung ihrerseits in politische Angelegenheiten verbeten hatte.

Wenigstens als Ehevermittlerin wollte sich die Kaiserin jedoch engagieren. 1581 begab sie sich daher mit ihrer damals 14-jährigen Tochter Margarethe in ihre spanische Heimat mit der Absicht, das Mädchen ihrem Bruder als fünfte Gemahlin anzubieten.* Die Erzherzogin aber zog das Klosterleben einer Ehe mit dem 53-jährigen Onkel vor. Und auch Kaiserin Maria entschied sich dafür, ihre Tage in einem spanischen Kloster zu beenden.

Im Jahre 1583 verlegte Rudolf II. als erster und einziger Habsburger seine Residenz nach Prag. Das hatte einerseits handfeste strategische Gründe, weil die böhmische Hauptstadt weit weniger als Wien von türkischen Einfällen bedroht war, andererseits persönliche. Sein Weggang aus Wien war auch eine Flucht vor der Realität und ein Auf-Distanz-Gehen zur Familie. Außerdem mochte Rudolf die Stadt an der Moldau seit jeher ganz besonders. Sie entsprach weit mehr seinem melancholischen Gemütszustand als das vergnügunssüchtige, heitere Wien. Prag strahlte etwas Mystisches, Geheimnisvolles aus. Hier schienen Wissenschaft und Zauberei, Kunst und Scharlatanerie, Glaube und Aberglaube auf eigenartige Weise ineinander zu

* Königin Anna, Margarethes älteste Schwester, war im Oktober 1580 im Alter von 31 Jahren gestorben.

verschwimmen. Eine Atmosphäre, die den Kaiser unwiderstehlich anzog.

Nirgendwo sonst tummelten sich so viele selbst ernannte Magier und Zauberer, Wahrsager und Sterndeuter, Giftmischer und Alchimisten, Menschen also, die Rudolf faszinierten und von denen viele alsbald den Weg in den Hradschin fanden.

Die Prager Burg wurde aber auch zum Sammelpunkt seriöser Wissenschafter, wie dem dänischen Astronomen Tycho Brahe und dem Mathematiker Johannes Kepler, die Rudolf II. an seinen Hof holte. Der hochgebildete, intelligente Kaiser hatte großes Interesse an ihren Forschungen. Er bewunderte diese Menschen und ließ ihnen freie Hand. Woher sie kamen oder welcher Religion sie angehörten, war ihm völlig egal. Ihre Verdienste um die Wissenschaft erhoben sie in seinen Augen über derlei Nebensächlichkeiten.

Dass er über den religiösen Disputen stand, hatte Rudolf II. 1582 beim Reichstag von Augsburg bewiesen, als es um die Einführung des Gregorianischen Kalenders ging. Mit den Worten: »Es kommt nicht darauf an, von wem der Kalender herrührt, sondern dass er gut ist«, hatte er die Einwände der Protestanten pariert.

Auch für die Kunst zeigte der Kaiser großes Interesse und viel Verständnis. Rudolf, der einen ausgeprägten Hang zum Schönen hatte und es stets auch besitzen wollte, wurde so zu einem der bedeutendsten Mäzene und Sammler aller Zeiten. Wenn ihm etwas gefiel, dann wollte er es auch haben, Geld spielte dabei überhaupt keine Rolle. Er gab manchmal Unsummen für ein Gemälde aus. Doch Rudolf war ein Kenner und er hatte das richtige Gespür für das Meisterliche. Eine nach seinem Tod angefertigte Inventarliste seiner Sammlungen weist 3000 Gemälde von Michelangelo, Leonardo da Vinci, Raffael, Giorgione, Dürer, Holbein, Cranach, Brueghel, Tizian, Tintoretto, Veronese und Rubens aus sowie 2500 Skulpturen und unzählige Kunstgegenstände. Schon bald aber sollte diese gigantische Sammlung, die schon damals einen unschätzbaren Wert hatte, in alle Winde zerstreut werden.

Makellose Schönheit war es auch, die ihn zu Katharina de Strada hinzog, der Tochter des Archivars seiner Kunstsammlungen.

Katharina war nicht nur schön, sondern sanft und zurückhaltend, intelligent und ohne politisches Interesse. Sie blieb stets im Hintergrund, wollte nie mehr sein als die Geliebte des Kaisers. Rudolf scheint in ihr die Frau gefunden zu haben, die er sich wünschte. Die sechs Kinder, die sie ihm schenkte, liebte er innig.

Eine Mätresse und ein paar Bastarde zu haben war für einen Fürsten durchaus nichts Ungewöhnliches, die Staatsräson und der Fortbestand der Dynastie erforderten jedoch, dass er auch eine legitime Ehe einging. Rudolf aber weigerte sich beharrlich, seine Langzeitverlobte, die spanische Infantin, zu heiraten, obwohl ihn seine Mutter und Philipp II. immer nachdrücklicher dazu drängten.

Seit 1571 war er mit seiner Cousine Isabella Clara Eugenia, Philipps ältester Tochter, verlobt. Das Mädchen hatte mittlerweile das heiratsfähige Alter erreicht, doch der Kaiser wusste ständig irgendein Argument, warum gerade jetzt nicht der richtige Zeitpunkt für eine Eheschließung sei. Immer wieder verschob er, verzögerte er, hielt alle hin, erbat sich immer wieder Bedenkzeit, um schließlich 1590 zu erklären, »er könne keine Frau heiraten, die er nie gesehen habe«. Damit war die Verlobung gelöst. Um seine Tochter aber vielleicht doch noch zu einer potentiellen Kaiserin zu machen, wollte Philipp II. sie nun mit Erzherzog Ernst verheiraten, der, wenn Rudolf ohne legitimen Erben blieb, ja sein Nachfolger wäre. Doch Ernst starb 1595.

Daraufhin arrangierte Philipp II. nun eine Heirat seiner Tochter mit Erzherzog Albrecht, den er als Nachfolger von Ernst zum souveränen Fürsten der spanischen Niederlande machte.

Der Kaiser schäumte vor Wut, als er davon erfuhr. Er wollte zwar selbst nicht heiraten, doch dass einer seiner Brüder seine ihm zugedachte Braut ehelichte, wollte er nicht dulden, zumal die Infantin nach ihrem Bruder Philipp die nächste Erbin der spanischen Krone war. Es gelang ihm allerdings nicht, die Hochzeit zu verhindern. Albrecht und die mittlerweile 33-jährige Isabella Clara Eugenia heirateten am 18. April 1599. Ihre Ehe war glücklich, blieb jedoch kinderlos.

Aus Rache und um seinen gierigen Brüdern den Weg zum Thron zu versperren, erklärte sich Rudolf nun doch bereit, zu heiraten. Seine Wahl fiel auf seine Cousine, Maria von Medici, die jedoch ablehnte, weil ihr eine Wahrsagerin prophezeit hatte, sie werde einmal Königin von Frankreich werden, was dann auch tatsächlich eintrat. Im Jahre 1600 vermählte sie sich mit Heinrich IV. von Frankreich.

In den folgenden Jahren gab es intensive Bemühungen und immer wieder Kontakte zu verschiedenen europäischen Höfen von Seiten der kaiserlichen Diplomatie, um eine Heirat für Rudolf II. zustande zu bringen. Im Gespräch waren Margarethe von Savoyen, die Enkelin Philipps II., eine württembergische Prinzessin, Giulia d'Este und Anna von Tirol, die Tochter seines Onkels Ferdinand. Doch sämtliche Verhandlungen verliefen im Sande. Rudolf II. war viel zu labil, viel zu wankelmütig und viel zu müde, als dass er eine Entscheidung hätte treffen können.

Seine fast schon krankhafte Entscheidungsschwäche und seine Tatenlosigkeit, die sich nicht nur auf den privaten Bereich beschränkten, machten seine Brüder und Neffen nervös. Sie begannen an seiner Regierungsfähigkeit zu zweifeln, zumal das Verhalten des Kaisers immer seltsamer wurde.

Seit dem Tod von Ernst, dem einzigen Bruder, der stets loyal zu Rudolf gestanden war, hatten sich die Spannungen in der Familie immer mehr verstärkt. Seine Brüder und Verwandten drängten Rudolf, da dieser anscheinend unverheiratet zu bleiben schien, wenigstens seine Nachfolge zu regeln. Die Zukunft des Reiches hinge davon ab. Die Spanier wünschten, dass er Albrecht zu seinem Erben ernenne, der österreichische Teil des Hauses Habsburg sprach sich dagegen mehrheitlich für Matthias aus. Matthias war der nächstälteste Bruder und damit der potentielle Thronerbe. Die meisten Erzherzöge sahen in ihm den künftigen Kaiser.

Die eigene Familie begab sich zusehends in Opposition zu Rudolf. Dieser fühlte sich in die Enge getrieben und das hasste er. Seine einzige Reaktion auf den Wunsch einer Nachfolgeregelung war zunächst ein Wutanfall. Kurz darauf erfasste ihn aber eine tiefe Melancholie, seine Depressionen nahmen zu, er fühlte sich müde und kraftlos. Im Herbst 1600 unternahm er einen Selbstmordversuch. In letzter Sekunde konnte ihm ein Diener den Dolch, den er sich in die Brust stoßen wollte, entreißen.

Rudolf zog sich immer mehr von der Außenwelt zurück. Seine Sammelleidenschaft nahm bisweilen extreme Formen an, was auch mit einer immensen Geldverschwendung verbunden war. Besorgnis erregend war aber auch der Hang des Kaisers zum Okkultismus, sein Interesse für Alchimie und Magie, für Wahrsager und Sterndeuter. Seltsame Leute tummelten sich im Palast auf dem Hradschin, darunter nicht selten höchst zweifelhafte Existenzen aus der untersten Schicht des Volkes, Protestanten und sogar Juden, ein Umgang, der in den Augen der Erzherzöge höchst unpassend für den Kaiser des Heiligen Römischen Reiches war. Gerüchte, er sei von diesen Leuten behext worden und ihrem Einfluss ausgeliefert, gingen um. Und die Verwandtschaft, allen voran natürlich Erzherzog Matthias, fand sich einmal mehr in ihrer Sorge um den Fortbestand der Dynastie und des Reiches bestätigt.

Tatsächlich wurde es immer schwieriger, mit dem Kaiser etwas zu besprechen oder gar ihn zu einer Entscheidung zu bewegen. Er gab nur noch sehr selten Audienzen, weil er eigentlich niemanden sehen wollte. Gesandte mussten oft wochenlang warten, bis sie empfangen wurden. Untätig verharrte der Kaiser auf seiner Burg, so als interessierte ihn überhaupt nicht, was in seinem Reich geschah. Selbst seine religiöse Toleranz entsprang nicht wie bei seinem Vater oder beim soeben an die Macht gelangten Heinrich IV. von Frankreich einer inneren Überzeugung oder politischer Klugheit, sondern vielmehr einer Gleichgültigkeit. Rudolf war in Glaubensfragen zutiefst verunsichert und er fühlte sich weder zum Katholizismus noch zum Protestantismus wirklich hingezogen. Dennoch war ihm der Sieg über die Türken, mit denen das Reich seit 1593 im Krieg lag, ein großes Anliegen. Doch seine depressiven Phasen wurden immer länger, er hatte weder die Kraft noch die Energie, seine Ziele zu verwirklichen.

Weitaus entschlossener und engagierter bei der Erledigung ihrer Aufgaben waren dagegen die Brüder des Kaisers.

Seit Rudolf II. in Prag residierte, hatten zunächst Ernst und nach dessen Tod Maximilian und Matthias die Regierung in Österreich inne. Als überzeugte Katholiken trieben sie in diesem Teil des Reiches die Gegenreformation voran, wobei sie vor

Gewaltanwendung nicht zurückschreckten. Zentrale Figur dieser Rekatholisierung Österreichs war ab etwa 1598 der Sohn eines protestantischen Bäckers aus Wien: Melchior Khlesl. Er war in jungen Jahren zum Katholizismus konvertiert und hatte nach einem Theologiestudium die kirchliche Laufbahn eingeschlagen. Khlesl war ein hoch begabter Mann mit großer Autorität. 1598 wurde er Bischof von Wien und ein Jahr später ernannte ihn Erzherzog Matthias zu seinem Kanzler. Von da an lag die eigentliche Macht in den Händen Khlesls. Er war es auch, der die Maßnahmen, die schließlich zum Sturz des Kaisers führten, initiierte und der Matthias auf den Thron hievte.
Khlesl erkannte sehr rasch, dass mit Rudolf II. – im doppelten Sinn des Wortes – kein Staat zu machen war. Den Beweis lieferte der Kaiser spätestens 1604 selbst.
Immer noch lag man mit der Türkei im Krieg, von welchem in erster Linie die Gebiete in Ungarn betroffen waren. Als nun die vom Kaiser eingesetzte, aber kaum kontrollierte ungarische Regierung auch noch die gewaltsame Rekatholisierung in Gang setzen versuchte, kam es zum Aufstand. 1604 erhoben sich die mächtigen protestantischen Stände Ungarns unter Führung von Stephan Bocskay gegen die Herrschaft der Habsburger. Der Verlust Ungarns drohte, doch auch das konnte den Kaiser in Prag nicht aus seiner Lethargie reißen, er blieb untätig.
Die Erzherzöge wurden nervös. Sie reisten nach Prag und führten Rudolf die Gefahr, in der sein Reich schwebte, vor Augen. Sie bearbeiteten ihn so lange, bis er schließlich einwilligte, Matthias die Regierung von Ungarn anzuvertrauen und ihn als seinen Nachfolger anzuerkennen. Tatsächlich brachte der Erzherzog bald einen Frieden mit den rebellierenden Ungarn zustande, indem er ihnen Religionsfreiheit versprach, die ihnen im Wiener Frieden vom 23. Juni 1606 zugesichert wurde.
Als Nächstes beendete Matthias im November 1606 den Krieg mit der Türkei, auch gegen den Widerstand Rudolfs II. Der Kaiser, der sonst in Glaubensfragen sehr ambivalente Haltungen an den Tag legte, führte religiöse Gründe für eine Weiterführung des Krieges ins Treffen. Als Kaiser des Heiligen Römischen Reiches verstand er sich als Führer der Christenheit und wünschte einen vollständigen Sieg über die Osmanen oder gar keinen. Da

er jedoch weder aus seinem Reich noch vom Papst oder den Spaniern Unterstützung erhielt, musste er schließlich widerwilligst und nach langem Hin und Her dem von seinem Bruder ausgehandelten Vertrag zustimmen.

Mit wachsendem Misstrauen beobachtete der Kaiser fortan seinen Bruder. Sein Hass gegen Matthias wurde immer größer. Er fühlte sich von ihm verfolgt und verdächtigte ihn, ihm die Krone entreißen zu wollen. Doch ganz unbegründet waren die Ängste des Kaisers nicht.

Matthias hatte längst die gesamte Verwandtschaft und die einflussreichen Persönlichkeiten des Landes auf seiner Seite. Am 25. April 1606 hatten die Erzherzöge bei einem geheimen Treffen Matthias einstimmig zum Oberhaupt der Familie gewählt. In einem Dokument begründeten sie ihren Entschluss damit, dass Rudolf nicht mehr regierungsfähig sei, weil er sich in einem Zustand »gefährlicher Gemütsblödigkeit« befinde. Nun war es für Matthias nur noch ein kleiner Schritt bis zum Thron.

Rudolf spürte, dass sich etwas gegen ihn zusammenbraute. Doch ausgerechnet in dieser für ihn so schwierigen Situation traf ihn auch noch ein schwerer persönlicher Schlag. Sein ältester Sohn aus seiner Beziehung mit Katharina de Strada, der 1685 geborene Giulio Cesare, zeigte schon lange Anzeichen geistiger Verwirrtheit. Trotz seiner bürgerlichen Mutter war offenbar die ganze Last des fatalen habsburgischen Erbgutes, das sein Vater in sich trug, auf ihn gefallen. Rudolf hatte ihn auf Schloss Rosenberg bei Krumlov geschickt. Dort aber nahm das abnorme, ausschweifende Verhalten des Kaisersohnes entsetzliche Auswüchse an. Eines Tages vergewaltigte er Markéta, die Tochter eines Baders aus der Umgebung, und hielt sie auf seinem Schloss fest. Immer wieder misshandelte er das Mädchen und lebte an ihr seine gewalttätige Wollust aus. Eines Tages gelang Markéta die Flucht. Voll Zorn ließ Giulio daraufhin den Vater des Mädchens gefangen nehmen und drohte, ihn zu foltern. Markéta kehrte aufs Schloss zurück, ihr Vater wurde freigelassen. Am nächsten Tag aber fand man sie im Zimmer ihres Peinigers, furchtbar verstümmelt, mit ausgestochenen Augen, abgeschnittenen Ohren, und in ihrem Blut saß schreiend der nackte Giulio. Er hatte sie in einem epileptischen Anfall umgebracht.

Wenige Wochen später, im Mai 1608, nahm sich Giulio das Leben.

Als der Kaiser von den entsetzlichen Geschehnissen erfuhr, war er zutiefst betroffen. Er war so vom Schmerz übermannt und niedergeschlagen, dass er einfach keine Kraft mehr hatte, sich zu wehren. Just in diesem Augenblick erhob sein Bruder Anspruch auf die ungarische Krone. Unterstützt wurde er dabei von den protestantischen Ständen Ungarns. Rudolf wich der Übermacht und trat am 26. Juni 1608 im Vertrag von Lieben Österreich, Ungarn und Mähren an Matthias ab. Am 19. November 1608 fand in Preßburg die Krönung des neuen Königs von Ungarn statt.

Doch noch einmal bäumte sich Rudolf II. auf. Mit dem Majestätsbrief vom 9. Juli 1609 suchte er nun seinerseits die Unterstützung der protestantischen Stände Böhmens. Er gewährte darin allen Bewohnern des Landes Gewissensfreiheit und freie Religionsausübung, den Protestanten zudem das Recht zum Bau von Kirchen und Schulen sowie weiterhin das Recht, Lehrstühle an der Universität zu besetzen.

Auch sein Vetter Erzherzog Leopold, der Bischof von Passau, ein jüngerer Sohn des verstorbenen Erzherzogs Karl von der Steiermark, schlug sich auf die Seite des Kaisers, während sein älterer Bruder Ferdinand eifriger Parteigänger von Matthias war. Doch Leopold war ein Hitzkopf, der gerne selbst eine Krone sein Eigen nennen wollte und Rudolf wahrscheinlich mehr schadete als half. Im Februar 1610 traf er jedenfalls mit einer Armee von 12 000 Mann in Prag ein. Die Bevölkerung der böhmischen Hauptstadt stöhnte jedoch bald unter dem wüsten Benehmen der Soldaten.

Erzherzog Matthias nahm daraufhin die Situation zum Anlass, nun seinerseits nach Prag zu marschieren um die Stadt, wie er sagte, zu befreien und gleichzeitig die Macht in Böhmen an sich zu reißen. Was auch gelang.

Leopold war mit seinen Truppen abgezogen und der Kaiser sah ein, dass er keine Möglichkeit mehr hatte, Widerstand zu leisten. Am 23. Mai 1611 wurde Matthias im Prager Veitsdom auch zum König von Böhmen gekrönt. Rudolf II. blieb somit nur noch die Kaiserkrone.

Matthias (1557–1619)

Obwohl bereits 54 Jahre alt, ging Matthias im Dezember die Ehe mit seiner halb so alten Cousine Anna von Tirol ein, die einst als Braut für Rudolf im Gespräch gewesen war. Eine weitere Demütigung für den kranken, gequälten Kaiser.

Aber noch ein letztes Mal wallte der Zorn in Rudolf auf. Mit letzter Kraft versuchte er, sich am Bruder zu rächen. Er intrigierte und begann eine geheime Diplomatie. Der stets beinahe krankhaft Untätige brachte plötzlich eine ganz erstaunliche Aktivität auf. Sein Ziel war es, eine protestantische Armee aufzustellen, um gegen den Bruder vorzugehen. Doch der Tod kam ihm zuvor und beendete diesen »Bruderzwist im Hause Habsburg«. Rudolf starb am 20. Januar 1612 völlig vereinsamt in Prag.

Die zweifache Usurpation sollte Matthias kein Glück bringen. Als Kaiser war er kaum erfolgreicher als sein Bruder. Auch er blieb ohne Nachkommen, sodass er schließlich seinen Vetter Ferdinand von der Steiermark zu seinem Nachfolger ernennen musste. Bereits 1617 überließ er ihm die Wenzelskrone und im darauf folgenden Jahr auch jene von Ungarn, denn er war krank und kaum noch fähig die Regierungsgeschäfte wahrzunehmen.

1618 war auch das Jahr des Prager Fenstersturzes, eines an sich harmlosen Ereignisses mit jedoch furchtbaren Folgen. Denn es gelang Kaiser Matthias nicht, den Beginn des Dreißigjährigen Krieges zu verhindern, obwohl sowohl er als auch sein Kanzler Khlesl für einen Ausgleich mit den Protestanten eintraten. Sein Erbe, der künftige Kaiser Ferdinand II., aber kannte keine Kompromisse. Mit ihm endete selbst der Ansatz religiöser Toleranz im Reich, der seit dem 1555 von Karl V. ausgerufenen Augsburger Religionsfrieden geherrscht hatte.

Am 20. März 1619 starb Kaiser Matthias und wenige Monate später, am 4. Oktober, folgte ihm seine Gemahlin in die von ihr gegründete Kapuzinergruft.

Flucht vor dem Vater

Der unglückliche Sohn Peters des Großen

Starr vor Angst, jedoch erhobenen Hauptes stand die Zarin Natalja* umringt von einer Hand voll Getreuer auf der roten Treppe des Kreml-Palastes. An der einen Hand hielt sie ihren Stiefsohn, den geistesschwachen Iwan,** an der anderen ihren zehnjährigen Sohn Peter, der wenige Tage zuvor zum Zaren ausgerufen worden war, und für den sie die Regentschaft übernommen hatte.

Unter ihr drängte sich drohend eine Horde wütender Soldaten: Die gefürchteten Strelizen, jene Elite-Truppe, die einst von Iwan dem Schrecklichen ins Leben gerufen worden war und nun von der Zarewna Sofja, der ehrgeizigen Schwester des kranken Iwan, für ihre Zwecke missbraucht wurde. Mit gezielter Desinformation war es ihr gelungen, die Strelizen gegen die Regentin und ihren Clan, die Naryschkins, aufzuhetzen.

Und nun waren sie nicht mehr zu halten. Ein allzu scharfes Wort des Fürsten Dolgorukij genügte um sie losstürmen zu lassen. Wie wild gewordene Bestien fielen sie über den Palast her und metzelten jeden nieder, der sich ihnen in den Weg zu stellen wagte. Einige sürzten sich sofort auf den Fürsten Dolgorukij und rissen ihn regelrecht in Stücke. Der kleine Peter, vor dessen Augen sich die grausige Szene abspielte, bekam einen Schreikrampf. Rasch zerrte die Zarin ihren Sohn fort und flüchtete

---

* Natalja Naryschkina (1651–1694) war die zweite Gemahlin des Zaren Alexej (1629–1676).

** Sohn des Zaren Alexej aus dessen erster Ehe mit Maria Miloslawskaja (1625–1668)

sich mit den beiden Knaben in ihre Gemächer. Peter war kaum zu beruhigen und der grauenhafte Anblick prägte sich tief in sein Gedächtnis ein. Er würde ihn sein ganzes Leben lang nicht vergessen. Die traumatische Begebenheit sollte sich als Schlüsselerlebnis seiner Entwicklung erweisen, denn mit diesem Tag, dem 16. Mai 1682*, wurden wahrscheinlich Grausamkeit und Gewalt ein Teil seines Lebens und seines Wesens.

Vorerst aber musste er selbst der Gewalt weichen. Sofja hatte gesiegt. Sie hatte ihrer Stiefmutter die Regentschaft entrissen, um nun ihrerseits im Namen ihres Bruders und ihres Halbbruders zu herrschen. Am 25. Juni 1682 wurden die beiden Knaben zu gleichberechtigten Zaren gekrönt.

Während Iwan bei seiner Schwester im Palast blieb, wurden Peter und seine Mutter quasi vom Hof verbannt. Mit einer mageren Rente mussten sie auf einem Landsitz ihr Auskommen finden. Dennoch – oder gerade deshalb – verlebte der junge Zar eine schöne und unbeschwerte Kindheit. Seine Mutter vergötterte ihn, war jedoch nicht imstande, ihm eine adäquate Erziehung und Bildung zukommen zu lassen. Eine folgenschwere Unterlassung, denn Peter I., der einmal als der Große in die Geschichte eingehen sollte, wuchs zwar zu einem kraftstrotzenden und überaus aktiven Mann heran, der ein reges Interesse an allen handwerklichen und technischen Dingen hatte, am Schiffsbau und vor allem am Kriegshandwerk, der jedoch ansonsten gerade einmal des Lesens und Schreibens mächtig war. Sein größtes Manko aber war und blieb sein Charakter. Er lernte weder Manieren noch Selbstbeherrschung, weder Rücksicht noch Nachsicht mit anderen. Da ihn nie jemand zurechtwies, duldete er auch später keinen Widerspruch, war launisch, selbstsüchtig und von einer geradezu erschreckenden Brutalität. Selten erhielt ein Herrscher eine derart mangelhafte Erziehung wie Peter I. Sein Jähzorn machte vor niemanden halt. Nicht einmal vor dem König von Dänemark. Anlässlich eines Besuches in Kopenhagen gefiel ihm im dortigen Museum eine Mumie so sehr, dass er

* Daten in diesem und im folgenden Kapitel nach dem gregorianischen Kalender, welcher dem in Russland bis 1918 geltenden julianischen Kalender damals um 11 Tage voraus war

sie zum Geschenk verlangte. Als ihm dieser Wunsch jedoch verwehrt wurde, zerstörte er einfach das wertvolle Schaustück und sagte dann: »So, jetzt kann sie sich der König von Dänemark behalten.« Das war ein Affront, den sich wohl sonst kein gekröntes Haupt der damaligen Zeit erlaubt hätte. Noch viel ungezügelter aber benahm sich der Zar seiner engeren Umgebung und seinem Volk gegenüber, sodass er von seinen Untertanen mehr gefürchtet als verehrt wurde.

Zunächst aber war der Heranwachsende die Hoffnung aller Unzufriedenen im Lande. Schon rein äußerlich verkörperte er mit seiner Körpergröße von 2,04 Metern Kraft und Energie. Sein reges Interesse an allem Neuen und seine Tatkraft gaben zu den größten Erwartungen Anlass. Innerhalb kürzester Zeit hatte Peter daher zahlreiche Anhänger, vor allem in der Armee. Der mittlerweile 17-Jährige wusste eine Reihe von Offizieren mit ihren Truppen hinter sich, als er im September 1689 seiner herrschsüchtigen Halbschwester die Macht entriss und sie in ein Kloster verbannte.

Zwar war sein Halbbruder Iwan bis zu seinem Tode im Jahre 1696 offiziell noch Mitregent, doch ließen es seine geistigen Fähigkeiten nicht zu, dass er sich in die Politik einmischte oder auch nur dafür interessierte. Peter war somit schon jetzt Alleinherrscher.

Der Weg war frei für sein im wahrsten Sinn des Wortes gewaltiges Reformwerk. Peter I. wollte Russland von Grund auf erneuern. In der so genannten Deutschen Siedlung*, wo er sich mit Vorliebe herumtrieb, hatte er westliche Bräuche, westliche Umgangsformen und vor allem westliche Technik und Handwerkskunst kennen gelernt, mit denen er nun sein Land beglücken wollte. Ein besonderes Anliegen war ihm der Aufbau einer Flotte, den er höchstpersönlich überwachte.

Unter Peter dem Großen erfuhr Russland eine nie da gewesene Welle der Erneuerung, die es nach und nach den Anschluss an Europa finden ließ. Vor allem auf militärischem Gebiet mutierte

* Viertel einige Kilometer außerhalb von Moskau, das zwar Deutsche Siedlung hieß, aber auch Holländer, Engländer, Franzosen, Italiener und andere Ausländer beherbergte, die die unterschiedlichsten Berufsgruppen repräsentierten

das bislang als rückständig und halbbarbarisch betrachtete Zarenreich zu einer der wichtigsten europäischen Großmächte. Der Preis jedoch, den die russische Bevölkerung damals für die Erneuerungswut ihres Herrschers zu zahlen hatte, war hoch, in vielen Fällen unverhältnismäßig hoch.
In seiner Begeisterung für alles Moderne und mit der für ihn typischen ungezügelten Leidenschaft raste Peter I. regelrecht über das Land ohne Rücksicht auf Traditionen oder die Bedürfnisse der Bevölkerung. Statt mit seinen Veränderungen Gutes zu tun, richtete er damit oft und oft Unheil und Schaden an.
Die Russen waren damit überfordert, von heute auf morgen eine neue Gesellschaft zu werden, die auf der gleichen Entwicklungsstufe stand wie etwa die französische unter Ludwig XIV., Peters großem Vorbild. In Moskau und besonders auf dem Land herrschten vielfach noch mittelalterliche Traditionen. Die Menschen waren schockiert, als ihnen Peter etwa eine neue Kleidung nach westlichem Muster verordnete, die traditionellen langen Bärte der Männer verbot oder den Zugang der Frauen zu gesellschaftlichen Veranstaltungen forderte.
Das Schlimmste aber war, dass Peter keine Geduld kannte und seine Reformen mit Gewalt durchzusetzen versuchte. Wer sich widersetzte, wurde grausam gezüchtigt. Und der Zar legte schon auch einmal selbst Hand an und schnitt einem widerspenstigen Alt-Gläubigen eigenhändig den Bart ab. Kein Wunder also, dass die Menschen vor ihrem Herrscher zitterten. Selbst die Mitglieder seines Hofes lehrte er das Fürchten.
Peter war ein ausgesprochen schwieriger Mensch, launisch und unberechenbar, rücksichtslos, grausam und rachsüchtig. Niemand, auch nicht die höchsten Würdenträger des Staates und der Kirche, war vor seinen derben Späßen und seinen an Sadismus grenzenden Grausamkeiten gefeit. So erzählt der kaiserliche Gesandte, Johann Georg Korb, von einem Diner bei einem ausländischen Missionschef, an dem Peter teilnahm: »Die Damen hatten ihre schönsten Kleider angelegt und die Herren trugen ihre goldstrotzenden Uniformen mit den höchsten Orden. Ohne Sinn und Verstand trank der Zar die edlen Weine, verschlang er die köstlichen Speisen. Plötzlich sieht er, wie Golowin den mit Essig angemachten Salat zurückgehen lässt, den der

Peter I., der Große (1672–1725)

Bojar verabscheut. Zornbebend lässt ihn der Despot von seinen Offizieren greifen. Auf seinen Befehl wird dem geknebelten Golowin Essig durch Mund und Nase eingeflößt, bis der Unglückliche, mit Salat voll gestopft, hustend und dem Ersticken nahe, Blut spuckt ...« Als derselbe Golowin sich Jahre später – er war damals bereits über 80 – krankheitshalber weigerte, an einer Maskerade des Zaren teilzunehmen, ließ ihn dieser ergreifen und nackt, nur mit einer Papiermütze bekleidet, eine ganze Stunde lang auf die zugefrorene Newa setzen. Dieser höchst zweifelhafte Spaß des Zaren trug dem bedauernswerten Fürsten eine Lungenentzündung ein, an der er einige Tage später starb.

Es war vielleicht eine Ehre, aber wahrlich kein Vergnügen zur engsten Umgebung des Zaren zu gehören. »Wer nicht ständig mit ihm sein muss, kann sich glücklich schätzen«, schrieb einmal der Neffe von General François Lefort, Peters bestem Freund.

Auch Besucher aus dem Ausland wussten ein Lied von der Zügellosigkeit und dem schlechten Benehmen des russischen Herrschers zu singen. Seine Trinkgelage arteten jedes Mal in wahre Sauforgien aus, die er selbst allerdings dank seiner ganz erstaunlichen Konstitution immer unbeschadet überstand. Schon nach wenigen Stunden Schlaf war er wieder topfit und voller Energie. Ganz im Gegenteil zu den ausländischen Diplomaten, die bei seinen Besäufnissen mitmachen mussten. Von Gesandten aus Hannover erfahren wir, dass der Zar nach einem Fest seine Gäste, die kaum noch stehen konnten, zwang eine Schale mit einem guten halben Liter Wein auszutrinken, »worauf wir fast unsere Sinne verloren und in diesem schlechten Zustand zum Schlafen abtransportiert wurden, einige in den Garten, andere in den Wald, und der Rest blieb verstreut auf der Erde«. Sie wurden aber bald wieder aufgeweckt und mussten dem Zaren beim Bäumefällen helfen, weil er einen neuen Weg zur Küste anlegen wollte. Zum Abendessen tranken sie wieder »eine so starke Dosis Branntwein, dass sie ohnmächtig ins Bett fielen«. Doch schon anderthalb Stunden später wurden sie wieder hochgezerrt um den Fürsten Tscherkassij zu besuchen, der mit seiner Frau im Bett lag, »und wieder wurden wir an seinem Bett mit Wein und Brandy geplagt bis vier Uhr früh, so dass sich am nächsten

Tag keiner von uns daran erinnern konnte, wie wir heimgekommen waren«. Um acht Uhr wurden sie zum Frühstück geladen, wo sie Branntwein anstatt Tee oder Kaffee bekamen. Dem folgte ein viertes Trinkgelage zum Mittagessen, nachdem die Gäste gezwungen worden waren auf ungesattelten Pferden zu reiten, zum Amüsement des Zaren.

Angesichts solcher Berichte wäre es schon ein kleines Wunder gewesen, hätte Peter wenigstens seine Ehefrau und seine engste Familie mit Rücksicht und Zärtlichkeit behandelt. Doch seine Grobheit machte auch vor seiner sanften, liebevollen Gemahlin nicht Halt.

Er war noch keine 17 Jahre alt, als ihn seine Mutter im Januar 1689 mit der um drei Jahre älteren Jewdokija Lopuchina verheiratete, in der Hoffnung, die stille, feine Tochter aus einer angesehenen Moskauer Adelsfamilie würde ihren stürmischen Sohn ein wenig zur Ruhe bringen. Doch weit gefehlt!

Zwar erhob Peter damals keine Einwände gegen diese Heirat, und er schien mit seiner für russische Verhältnisse recht attraktiven Gemahlin durchaus zufrieden zu sein, doch verbrachte er nicht viel Zeit mit ihr. Schon drei Tage nach der Hochzeit machte er sich wieder zu seinen Schiffen auf. Er blieb oft wochen- oder gar monatelang von zu Hause weg, war ständig in seinem riesigen Reich unterwegs, bei militärischen Übungen oder auf hoher See bei seinen geliebten Schiffen. Zwischendurch tauchte er für einen kurzen Besuch daheim auf um seine Gemahlin zu beehren. Bei einer dieser Stippvisiten im ehelichen Gemach zeugte er auch seinen Sohn, der am 28. Februar 1690 zur Welt kam und nach seinem Großvater Alexej genannt wurde. Peter freute sich sehr über seinen Nachwuchs, doch sein Interesse an dem Knaben erlahmte bald. Als ein Jahr später sein zweiter Sohn, Alexander, zur Welt kam, nahm er dies kaum noch zur Kenntnis. Er fand nicht einmal die Zeit, dem Begräbnis des Kleinen beizuwohnen, der im Mai 1692 verstarb. Ein dritter Knabe, Paul, erblickte 1693 das Licht der Welt, starb jedoch ebenfalls unmittelbar nach seiner Geburt.

Zu diesem Zeitpunkt hatte sich Peter seiner Familie und seiner Frau bereits stark entfremdet. Jewdokija war ihm völlig gleichgültig. Vor allem seit er in der Deutschen Siedlung eine Mätresse hatte, Anna Mons, die frühere Geliebte seines Freundes und Vertrauten, Lefort. Anna war ganz anders als die sanfte, unterwürfige, unscheinbare und fromme Jewdokija. Sie war eine dralle Schönheit, offenherzig und fröhlich und alles andere als scheu.

Im März 1697 begab sich Peter auf seine so genannte »Große Reise« nach Europa, eine Art Entdeckungsreise in die zivilisierte Welt, die auch der Eröffnung neuer politischer Perspektiven dienen sollte. Was den jungen Zaren damals neben vielem anderen besonders beeindruckte, das waren die westlichen Frauen, die ihre Schönheit offen zur Schau stellten. Sie schienen ihm viel begehrenswerter als die ungeschminkten, ungeschmückten und von Kopf bis Fuß verhüllten Russinnen. Damals fasste er wohl den Entschluss, sich von Jewdokija zu trennen, sobald er nach Moskau zurückgekehrt war. Die Gelegenheit dafür ergab sich früher als erwartet.

In Amsterdam erreichte ihn im Mai 1698 die Nachricht von einem Aufstand der Strelizen, hinter dem Peter natürlich sofort seine Halbschwester Sofja vermutete, die sich in ihrem Kloster zu Tode langweilte. Obwohl die Revolte schon wenig später niedergeschlagen war, beschleunigte der Zar dennoch seine Reise, um so bald wie möglich in Moskau nach dem Rechten zu sehen. Als er im August in Russland eintraf, hatte sich die Rebellion schon längst im Sand verlaufen, doch Peter war wütend, weil er seine Reise abbrechen hatte müssen. Es verlangte ihn nach Rache.

Sie sollte furchtbar werden und jedes Maß überschreiten, vor allem aber traf sie auch viele Unschuldige. Der Zar persönlich wohnte den »peinlichen Befragungen« der Angeklagten bei, die in diesen Septembertagen des Jahres 1698 tagtäglich in 14 Folterkammern gleichzeitig stattfanden. »Hier fällt die Knute auf einen nackten Körper nieder, in den sie blutige Striemen kerbt; dort zieht ein Wippgalgen einen Strelizen hoch, lässt ihn jählings niederfallen, wobei ihm Arme und Beine zerschmettert werden; weiter weg werden glühende Eisen ins Fleisch getrieben, werden Gliedmaßen am Feuer gesengt. Die 14 Kammern hallen wider von Verwünschungen, Flüchen, flehentlichen Bitten, Schmerzensschreien und Todesröcheln. Wenn ein Angeklagter ohnmächtig wird, bringen ihn die Ärzte wieder zu Bewusstsein; dann nehmen die Richter erneut das Verhör auf, foltern ihn noch einmal. Von seinem Sitz schnellt plötzlich ein Riese hoch, nähert sich einem dieser gepeinigten Menschen, stößt ihm den Kopf nach hinten, senkt den Blick in sein Auge, beschimpft ihn, spuckt ihm ins Gesicht, schlägt ihn mit seiner ›Dubina‹, dem schweren Stock mit dem Kopf aus Elfenbein: Es ist Peter I. Den ganzen September über verlässt er nicht die Folterkammern; er watet wie ein Rasender durch die Blutlachen. Gleichgültig gegen die Qualen und den Geruch von verbranntem Fleisch lässt er seinem Hass freien Lauf. Der Zar übt ein Handwerk aus, das ihn keiner zu lehren brauchte: das Handwerk des Folterknechts.« An die 2000 Hinrichtungen wurden damals zwischen Oktober 1698 und Februar 1699 vollstreckt.

Die Zarewna Sofja blieb zwar vor Misshandlungen verschont, doch wurde sie ihrer Titel verlustig erklärt und ins Nowodjewitschij-Kloster gesteckt, wo sie zur Nonne geschoren wurde und isoliert in ihrer Zelle bis zu ihrem Tod im Jahre 1704 unter schärfster Bewachung stand. Auch die zweite Halbschwester des Zaren, Martha, landete hinter Klostermauern.

Und weil er schon dabei war, sich sämtlicher missliebiger weiblicher Familienmitglieder zu entledigen, wollte Peter damals auch gleich seine ihm lästig gewordene Gemahlin auf die bewährte Weise loswerden. Kalt forderte er Jewdokija auf, den Schleier zu nehmen, obwohl sie doch mit dem Strelizen-Aufstand nicht das Geringste zu tun gehabt hatte. Zu Peters Verblüffung aber weigerte sich die scheue, ergebene Zarin. Drei Wochen lang redete er auf sie ein. Ohne Erfolg. Schließlich riss ihm die Geduld und er ließ Jewdokija einfach abholen und in ein Kloster in Susdal östlich von Moskau bringen, wo sie als »Nonne Helene« den Rest ihres Lebens verbringen sollte.

Kaum war Jewdokija »entsorgt«, schien Peter sie auch schon aus seinem Gedächtnis verbannt zu haben, denn er vergaß völlig, ihr eine Rente zahlen. Ihrem Schicksal überlassen wandte sich die mittellose Zarin verzweifelt an ihre Eltern: »Um Gottes Willen, gebt mir zu essen, gebt mir zu trinken und schickt der Bettlerin Kleider!« Schlimmer noch als Hunger und Kälte aber war für

Jewdokija die Tatsache, dass man ihr ihren Sohn genommen hatte.

Für den kleinen Alexej war die Trennung von seiner Mutter nicht minder schmerzlich. Er war erst neun Jahre alt, als er plötzlich aus der gewohnten zärtlichen Geborgenheit gerissen wurde und der Obhut seiner wenig liebevollen Tante Natalja, Peters Schwester*, übergeben wurde. Er vermisste seine Mutter sehr, war sie doch bisher seine einzige Bezugsperson gewesen. Zu seinem Vater hatte er nur wenig Kontakt und er fürchtete sich mehr vor ihm als dass er ihn liebte.

Peter I. war ein ebenso schlechter Vater wie Gatte. Er kümmerte sich kaum um seinen Sohn. Sein Versuch, ihm eine gute Erziehung und Bildung zu vermitteln, blieb im ersten Ansatz stecken. Im Sommer 1701 erhielt Alexej einen Lehrer namens Martin Neugebauer aus Danzig, der sich jedoch schon nach einem Jahr mit der Umgebung seines Schützlings überwarf. Auch der äußerst fähige deutsche Baron Heinrich Huyssen, der danach den Unterricht des Thronfolgers übernahm, blieb nicht lange im Amt. Von nun an wurde Alexejs Erziehung oft über einen langen Zeitraum unterbrochen, sodass er häufig sich selbst überlassen war, was sich sehr negativ auf seine Charakterbildung auswirkte. Buckelnde, pädagogisch völlig inkompetente Höflinge ließen ihm seine Faulheit und seinen Jähzorn durchgehen, animierten ihn zu Trinkgelagen und Ausschweifungen anstatt seine guten Anlagen, seine Intelligenz und seine natürliche Wissbegier zu fördern. Als besonders gravierender Fehler erwies sich jedoch Peters Entscheidung, ausgerechnet seinen Favoriten, den Fürsten Menschikow, zum Obersthofmeister seines Sohnes zu bestellen. Menschikow, ein ehemaliger Piroggenverkäufer, war nicht nur bar jeglicher Bildung und Kultur, sondern auch ohne jedes Einfühlungsvermögen, grob und brutal. Alexej fürchtete sich vor Menschikow, am meisten aber hatte er Angst vor seinem Vater, der ihn mit seinen allzu hohen Erwartungen völlig überforderte.

* Natalja Alexejewna (1673–1716)

Peters Ungeduld mit seinem Sohn schlug in immer größer werdende Enttäuschung um, je älter Alexej wurde. Dieser Knabe hatte so gar nichts von ihm. Abgesehen davon, dass er kränklich war, war er hinterhältig und verlogen. Peter tobte vor Zorn, als er entdeckte, dass Alexej heimlich seine Mutter in ihrem Kloster besuchte. Was ihn aber noch mehr aufbrachte, war das völlige Desinteresse seines Sohnes an militärischen und staatspolitischen Dingen und seine übertriebene Religiosität. Ständig hing er mit irgendwelchen Popen zusammen, ständig las er in der Heiligen Schrift. Vater und Sohn waren so unterschiedlich, wie zwei Menschen nur sein konnten. Während der aktive Peter den Fortschritt verkörperte, wurde der passive Alexej mit zunehmenden Alter zum Symbol für Tradition und das alte Russland, also für alles, was der Zar hasste und was er mit seiner Reformwut überwinden wollte. Die einzige Gemeinsamkeit der beiden war wohl die Trunksucht.
In seiner grenzenlosen Wut und Enttäuschung bedachte Peter offenbar nicht, dass er selbst einen Großteil der Schuld an der Entwicklung seines Sohnes trug. Er hatte einfach keine Geduld, ständig drohte er Alexej und schüchterte ihn ein. Als er ihn 1703 etwa während eines Feldzuges als einfachen Artilleristen dienen ließ, schrieb er ihm: »Scheue keine Mühe, wenn es um das Gedeihen des Vaterlandes geht! Gib dich ganz der Arbeit für das Allgemeinwohl hin!«, um jedoch gleich hinzuzufügen: »Wenn ich nur in den Wind gesprochen habe, wenn du mir nicht gehorchen willst, dann werde ich dich nicht als meinen Sohn ansehen und Gott bitten, dass er dich in dieser und jener anderen Welt bestrafen soll.«
Alexej, der wusste, dass er keine andere Chance hatte, mimte den Willigen, tat jedoch nur selten, was von ihm verlangt wurde. Er hatte sich ganz auf passiven Widerstand eingestellt. Er wurde mit schöner Regelmäßigkeit krank, jedes Mal, wenn er in eine Schlacht ziehen sollte. Er hasste den Krieg, er interessierte sich nicht für den Staat, er wollte seine Ruhe haben und am liebsten weitab vom Hofe in idyllischer Abgeschiedenheit leben. Doch er war nun einmal der russische Thronfolger!
Widerwillig machte sich Alexej im März 1710 auf Befehl seines Vaters nach Dresden auf, um dort ernsthaft dem Studium frem-

der Sprachen sowie der Geometrie und der Fortifikation nachzugehen. Statt des angeordneten Unterrichts aber gab sich der Prinz in Dresden lieber dem Wein und den Frauen hin.
Indes beschäftigte sich sein Vater mit diversen Heiratsprojekten. Zuerst vermählte er im Oktober 1710 seine Nichte Anna Iwanowna, die jüngere Tochter seines Halbbruders Iwan, mit dem Herzog Friedrich Wilhelm von Kurland*. Der Arme war jedoch offenbar der Serie anstrengender Hochzeitsbankette, die der Zar damals veranstaltete, nicht gewachsen und starb bereits im Januar 1711.
Annas um ein Jahr ältere Schwester, Katharina Iwanowna, wurde 1716 mit dem Herzog Karl Leopold von Mecklenburg verheiratet. Von ihr wird im nächsten Kapitel noch die Rede sein.
Im Mai 1711 allerdings gab es eine Sensation, als Peter I. verkündete, er werde im kommenden März seine langjährige Geliebte, Katharina, heiraten.
Seine Gemahlin, die bedauernswerte Jewdokija Lopuchina, war zwar noch am Leben, doch durch ihren Eintritt in das Kloster galt Peters Ehe mit ihr als annulliert.
In jedem anderen Land hätte seine nunmehrige Wahl wahrscheinlich einen Aufschrei in der Gesellschaft, wenn nicht sogar einen Aufstand verursacht, denn die neue Zarin war nichts als eine einfache, ungebildete, livländische Magd. Das konnte sich wohl nur ein Mann wie Peter der Große erlauben und irgendwie war es ganz typisch für ihn. Denn er stieß sämtliche Traditionalisten wieder einmal vor den Kopf, indem er eine Ausländerin und noch dazu eine Frau aus der untersten Schicht ehelichte.
Katharinas Geschichte ist die eines Aschenbrödels, wenngleich es ihr an der Tugend jener Märchengestalt mangelte. Sie war Dienstmagd bei einem Pastor in Marienburg, südöstlich von Danzig, als die Stadt im Nordischen Krieg von russischen Truppen erobert wurde und man sie gefangen nahm. Ihre dralle, sinnliche Schönheit brachte ihr jedoch rasch wieder die Freiheit. Sie wurde die Geliebte eines russischen Generals, dann wechsel-

* Landstrich zwischen Ostsee und Rigaer Bucht, heute Litauen

Großfürst Alexej (1690–1718)

te sie über in das Bett des Fürsten Menschikow, der sie schließlich um das Jahr 1703 an seinen Herrn, den Zaren, weitergab. Damals hieß Katharina noch Martha Skawronskaja und war lutherischen Glaubens. Mit ihrem Übertritt zur orthodoxen Religion nahm sie dann den Namen Katharina Alexejewna an. Alexejewna deshalb, weil der Zarewitsch als ihr Pate fungierte.

Offenbar war sie die würdige Nachfolgerin der Anna Mons, die der Zar wegen Untreue verstoßen hatte: gesund, sinnlich, einfach, vulgär und gleichzeitig warmherzig und auffallend sauber. Sie kümmerte sich um Peters Wäsche und Kleidung, nähte, flickte und wusch. Das war auch bitter nötig, denn der Zar selbst legte nicht sehr viel Wert auf sein Äußeres.

Die Beziehung zu Katharina förderte erstaunlicherweise eine Seite des Zaren zu Tage, die bis jetzt niemand gekannt hatte. Zu seiner ersten Gemahlin, der sanften, devoten, feinen Jewdokija, war er grob und rücksichtslos gewesen, die derbe Katharina aber behandelte er liebevoll und zärtlich. Er überhäufte sie mit Geschenken und schrieb ihr zärtliche Briefe, die ihm niemand zugetraut hätte. Er nannte sie seine »Katarinuschka« und wollte sie immer um sich haben, denn »ohne dich ist das Leben traurig und meine Wäsche ungepflegt«, hatte er ihr einmal geschrieben. Peter liebte diese kleine, gedrungene Frau mit dem üppigen Busen offenbar wirklich. Und auch den Kindern, die sie ihm gebar, war er herzlich zugetan. Von den zehn Kindern, die Katharina zur Welt brachte, überlebten allerdings nur zwei Töchter, Anna (geboren 1708) und Elisabeth (geboren 1709), die der Zar legitimiert hatte, da sie ja vor seiner Heirat mit Katharina zur Welt gekommen waren.

Der Zarewitsch dürfte bis dahin ein recht gutes Verhältnis zur Geliebten seines Vaters gehabt haben. Zumindest schrieb er ihr, als er von der geplanten Hochzeit seines Vaters erfuhr, einen sehr höflichen Brief: »Ich erfahre soeben, dass mein Herr und Vater Euer Gnaden zu seiner Gemahlin erwählt hat. Aus diesem Anlass entbiete ich Euch meine Glückwünsche und gebe der Hoffnung Ausdruck, dass Ihr mir auch weiterhin wie in der Vergangenheit die Ehre Eurer Gunst angedeihen lassen werdet ...«

Kurz darauf war es an ihm, zu heiraten. Sein Vater hatte über seinen Kopf hinweg ein Braut für ihn ausgesucht: die um vier Jahre jüngere Charlotte Christine Sophie von Braunschweig-Wolfenbüttel, die Schwester der Kaiserin*. Alexej war über diese Wahl nicht gerade begeistert, denn Charlotte war flachbrüstig und pockennarbig und außerdem noch lutherisch, was den streng religiösen Thronfolger besonders störte. Allerdings leistete er auch keinen erheblichen Widerstand. Er fügte sich in das Unvermeidliche mit seiner mittlerweile nur allzu bekannten Passivität.

Am 14. Oktober 1711 wurde in Torgau an der Elbe, der Residenz der Patin der Braut, der Kurfürstin von Sachsen** geheiratet. Peter, der zu dieser Zeit gerade in Karlsbad zur Kur weilte, war eigens zur Vermählung seines Sohnes angereist.

Die prunkvolle Hochzeit, auf die der Brautvater – er sah seine Tochter bereits als Zarin aller Reußen – gar so stolz war, sollte sich allerdings binnen kurzem als Prolog zum Martyrium einer jungen Frau entpuppen.

Alexej hatte nicht viel für seine ihm aufgezwungene Gemahlin übrig. Er vernachlässigte sie, gab sich dem Trunk hin und verkehrte lieber mit den Popen. Die feine, wohl erzogene Charlotte war erschüttert ob des Benehmens ihres Gatten. Als sie im Juli 1714 mit einer Tochter, Natalja, niederkam, war Alexej gar nicht im Lande. Es war ihm eingefallen, dass er ausgerechnet um diese Zeit eine Kur in Karlsbad machen wollte.

Bald nach seiner Rückkehr verursachte er seiner sanften, liebevollen Gemahlin noch größeren, überaus demütigenden Kummer, indem er seine Mätresse, ein gewöhnliches Geschöpf namens Afrosinja, das ebenso soff wie er, im gemeinsamen Haus unterbrachte.

Am 23. Oktober 1715 brachte Charlotte einen Sohn zur Welt, der den Namen seines Großvaters erhielt: Peter. Kurz darauf wurde die junge Großfürstin von ihrem demütigenden Dasein

---

* Elisabeth Christine von Braunschweig-Wolfenbüttel, Gemahlin Kaiser Karls VI. und Mutter von Maria Theresia

** Christiane Eberhardine von Brandenburg-Bayreuth (1671–1727), Gemahlin Augusts II., des Starken

erlöst. Sie starb, gerade 21 Jahre alt, am 3. November 1715 nach tagelangen heftigen Schmerzen im Kindbett.

Die Trauer des Thronfolgers um seine Gemahlin hielt sich in Grenzen. Wenn er jedoch geglaubt hatte, nun mit seiner Mätresse ein unbehelligtes Leben führen zu können, dann hatte er sich gründlich getäuscht. Das Schicksal Charlottes sollte nicht die letzte Tragödie sein, die sich damals im Hause Romanow ereignete.

Unmittelbar nach der Beisetzung Charlottes, am 8. November 1715, erhielt Alexej einen Brief seines Vaters, der voller Vorwürfe und Drohungen war und einem Ultimatum gleichkam:

»... Ich denke an deine üblen Neigungen und an deine Starrköpfigkeit«, schrieb der Zar, »Habe ich dich nicht ungezählte Male deswegen getadelt? Und nicht nur getadelt, sondern sogar geschlagen? Schon seit Jahren (zähle sie nach) habe ich es aufgegeben dich zu ermahnen! Nichts hat gefruchtet, keine Besserung ist darauf erfolgt. Alles war vergeblich, alles hat seinen Zweck verfehlt. Du wolltest dich immer nur in deinem Haus vergnügen, wo es im Übrigen drunter und drüber geht. Was soll daraus werden, nicht nur aus dir, sondern aus dem ganzen Land? Als ich so mit tiefer Trauer im Herzen und voller Hoffnungslosigkeit, dich nicht zum Guten bekehren zu können, darüber nachsann, meinte ich dir das vorliegende letzte ›Testament‹ schreiben und dann noch ein wenig abwarten zu müssen, bis du dich, selbstverständlich ganz aufrichtig, besserst. Wenn du nicht dergleichen tust, so sei meiner Warnung eingedenk, dass ich dich von der Thronfolge ausschließen werde. Du wirst dann wie ein brandiges Glied für mich sein und ich werde vergessen, dass du mein einziger Sohn bist. Das ist keine leere Drohung. Gott sei mein Zeuge, dass ich das verwirklichen werde, was ich sage. Ich habe für mein Land und mein Volk mein Leben nicht geschont und bin heute noch bereit, es zu opfern. Warum sollte ich also einen Taugenichts schonen? Ein ehrbarer Fremder taugt für mich viel mehr als ein Taugenichts von meinem eigenen Fleisch und Blut.«

Nicht nur die Geburt seines Enkels, des späteren Peter II., gab dem Zaren mehr Spielraum hinsichtlich der Thronfolge. Er selbst wurde am 10. November 1715 Vater eines zweiten Soh-

Charlotte von Braunschweig-Wolfenbüttel (1694–1715)

nes, der ebenfalls den Namen Peter erhielt. Der Kleine sollte jedoch keine vier Jahre alt werden.

Der Brief des Vaters machte Alexej Angst. Gleichzeitig sah er darin die Gelegenheit, endlich seine Freiheit und seine Ruhe zu erlangen. Er antwortete wenige Tage später sehr ergeben: »... Was könnte ich anderes darauf antworten, als dass ich mich wegen meiner Unfähigkeit von Ihnen von der russischen Thronfolge ausgeschlossen sehe und daher nur wünschen kann, dies geschehe nach Ihrem Willen. Ich selbst bitte Sie, Sire, untertänigst darum, da ich mich dieser großen Aufgabe nicht gewachsen, nicht fähig fühle, ... Ich bin infolge verschiedener Krankheiten geistig und körperlich geschwächt und unfähig, ein solch großes Reich zu regieren, denn dazu bedarf es eines weniger verderbten Menschen als mich. Und deshalb werde ich jetzt und in der Zukunft keinen Anspruch auf die russische Thronfolge (möge es Gott gefallen, Euch ein langes Leben zu schenken) erheben, selbst wenn ich keinen Bruder hätte ...« Alexej wollte tatsächlich auf den Thron verzichten und nur noch Privatmann sein. Doch sein Vater traute ihm nicht über den Weg. Um ganz sicher zu sein, dass Alexej niemals sein Reformwerk zerstören könne, forderte er ihn in einem weiteren Brief auf, sich in ein Kloster zurückzuziehen und ein Gelübde abzulegen.

Das aber wollte Alexej nun wieder auch nicht. Dennoch schrieb er dem Zaren, »dass er Mönch zu werden wünsche und seine gnädigste Erlaubnis erbitte«. Dieser gab ihm Bedenkzeit, möglicherweise, weil er immer noch hoffte, sein Sohn würde sich im letzten Augenblick doch noch von Grund auf ändern. Eine Illusion!

Während der Zar sich auf eine ausgedehnte Holland-Reise begab, widmete sich Alexej wie eh und je seinem Lotterleben. Erst ein neuerlicher Brief, datiert mit 26. August 1716, schreckte ihn wieder auf: »Ich habe jetzt 7 Monate gewartet«, schrieb Peter, »du hast Zeit genug gehabt, eine Entscheidung zu treffen. Wenn du meine Sache gewählt hast, dann komm in einer Woche zu mir nach Kopenhagen. Noch hast du Zeit zur Erlernung der Staatsgeschäfte. Solltest du aber den zweiten Weg gewählt haben, so schreibe mir unverzüglich, an welchem Tage und in welches Kloster du eintrittst, damit ich beruhigten Gemütes weiß, was ich von dir zu halten habe. Aber es muss endlich Schluss sein! Ich bin mir wohl darüber im Klaren, dass du mit der dir eigenen Faulheit nur Zeit zu gewinnen suchst.«

Natürlich hatte der Zar mit seiner Vermutung recht. Und Alexej erkannte, dass es nun eng für ihn wurde. Endlich entschloss er sich daher zu handeln. Den Reuigen und Einsichtigen mimend

verließ er am 26. September 1716 St. Petersburg, um zu seinem Vater nach Kopenhagen zu reisen. An seiner Seite die unvermeidliche, heiß geliebte Mätresse Afrosinja. Doch Peter wartete vergeblich auf die Ankunft seines Sohnes.
Alexej hatte mit Hilfe einiger weniger Getreuer längst seine Flucht geplant. Er war klug genug zu wissen, dass er sich nicht auf ewig mit passivem Widerstand gegen seinen Vater stellen konnte. Peter würde letztendlich seinen Willen durchsetzen. Er sah nur eine Möglichkeit für sich: die Flucht. Also begab er sich von Danzig aus nicht mehr weiter in Richtung Kopenhagen, sondern nach Süden, in Richtung Wien. Immerhin war Kaiser Karl VI. sein Schwager; und von ihm erhoffte er Hilfe.
Am 9. Oktober 1716, mitten in der Nacht, traf Alexej mit seiner Begleitung in der Kaiserstadt ein. Allerdings war keiner von seiner Ankunft unterrichtet worden. Der Reichshofvizekanzler, Graf Schönborn, war bereits im Schlafrock, als der russische Thronfolger eine Unterredung forderte. Bleich und erschöpft schilderte ihm Alexej seine Geschichte, seine Angst vor der Rache des tyrannischen Vaters, der beschlossen habe, ihn von der Thronfolge auszuschließen und der in seinem Zorn zu allem fähig sei. Er hörte gar nicht mehr auf, dessen Grausamkeit und Schlechtigkeit zu schildern: »Mein Vater ist grausam und blutdürstig. Er meint, wie Gott das Recht über Leben und Tod zu haben. Er hat viel unschuldiges Blut vergossen. Manchmal hat er sogar mit eigener Hand die armen Verurteilten gerichtet. Er ist jähzornig und rachsüchtig und schont keinen Menschen. Wenn der Kaiser mich ihm ausliefern würde, wäre es so, als schickte er mich in den Tod ...«
Kaiser Karl VI. versagte seinem Schwager zwar nicht den erbetenen Schutz, hielt es jedoch für angebrachter, Alexej nicht zu empfangen. Stattdessen ließ er ihn auf die Feste Ehrenberg in Tirol bringen. Kaum wähnte sich der Zarewitsch dort in Sicherheit, begann er wieder mit Saufgelagen. Er und seine Bedienten wurden unachtsam, sodass es für die Spitzel des Zaren nicht gerade schwer war, den Aufenthaltsort des Flüchtigen ausfindig zu machen.
Peter, vor Zorn bebend, hatte natürlich unverzüglich seine Agenten ausgeschickt, nachdem er sich bewusst geworden war,

dass sich sein Sohn abgesetzt hatte. Diese hetzten den Zarewitsch nun wie ein Stück Wild von einem Ort zum anderen. Bereits Ende Dezember wusste der Zar, dass sich Alexej in Österreich befand, und er schrieb an den Kaiser, dieser möge seinen Sohn nach Russland zurückschicken.
Kaiser Karl, dem die ganze Sache unangenehm zu werden begann, stellte sich zwar unwissend, ließ jedoch kurz darauf Alexej von Tirol nach Neapel schaffen, wo dieser am 17. Mai 1717 auf der Festung Sankt Elmo eintraf.
Doch auch hier blieb er nicht lange unentdeckt. Wieder schrieb Peter an den Kaiser und diesmal wurde Karl VI. die ganze Sache schon sehr peinlich, denn er befand sich in einer Zwickmühle: Auf der einen Seite wagte er nicht, dem Prinzen den zugesagten Schutz zu entziehen, auf der anderen wollte er sich auch nicht mit dem Zaren völlig überwerfen, der bereits mit dem Abbruch sämtlicher Beziehungen zwischen Wien und St. Petersburg drohte. Mit Peter war nicht zu spaßen und einen Krieg wollte der Kaiser wegen eines flüchtigen Prinzen nun auch wieder nicht riskieren. Er gab daher die Erlaubnis, dass die beiden Beauftragten des Zaren, Tolstoj und Rumjanzew, den Zarewitsch aufsuchten. Allerdings schien ihm dabei nicht recht wohl gewesen zu sein, denn an den Vizekönig von Neapel, den Grafen Daun, schrieb er am 21. August 1717: »Sie haben alle Maßnahmen zu treffen, dass diese Spitzbuben von Moskowitern – Leute, die zu allem fähig sind – nicht Hand an den Zarewitsch legen, obwohl ich glaube, dass dieser Fall nicht eintreten wird ...«
Am 8. Oktober trafen die beiden Russen in Neapel ein. Alexej zitterte vor Angst, als man ihm tags darauf den Besuch meldete. Instinktiv spürte er nahendes Unheil. Er fürchtete um sein Leben. Zu Recht. Tolstoj und Rumjanzew waren mit allen Wassern gewaschen. Da eine gewaltsame Entführung wohl kaum möglich war, setzten sie auf ihre Überredungskunst. Und ihr Plan war tatsächlich an Perfidie kaum zu überbieten.
Zunächst überreichten sie Alexej einen mit 10. Juli 1717 datierten Brief seines Vaters, der ihn erstaunte und verwirrte. Nach den erwarteten Vorwürfen wegen seiner Flucht hieß es da nämlich ungewöhnlich sanft: »Hast du Angst vor mir? Schön, ich

verspreche und ich versichere dir bei Gott und Seiner Gerechtigkeit, dass du nicht bestraft werden wirst. Ich werde dich sogar sehr gern haben, wenn du dich auf den Gehorsam besinnst ... Erinnere dich daran, dass ich dir gegenüber nie Gewalt angewendet habe. Wenn ich dich zu etwas hätte zwingen wollen, hätte ich dir dann die Möglichkeit der freien Wahl gelassen? Wäre es mein Wille gewesen, so hätte ich es auch ausgeführt.«

Alexej war verwirrt. Natürlich hätte er das alles gerne geglaubt, aber er war zu misstrauisch. Weder Drohungen noch die zuckersüßen Versprechungen der beiden Abgesandten konnten ihn dazu bewegen, nach Russland zurückzukehren. Doch letztlich war er den beiden nicht gewachsen. Tolstoj und Rumjanzew gelang es, den Sekretär des Vizekönigs, einen gewissen Weingarten, zu bestechen. Auch die Rolle des Grafen Daun, der den lästigen Zarensohn am liebsten so schnell wie möglich losgeworden wäre, erscheint ein wenig zwielichtig. Offenbar halfen die beiden mit, den Zarewitsch weich zu klopfen.

Alexej wurde immer unsicherer, ängstlicher. Er fühlte sich wie ein in die Enge getriebenes Tier. Die Angst, sein Vater könnte nach Italien kommen, ließ ihn schließlich zusammenbrechen. Er erklärte sich bereit nach Russland zurückzukehren, wenn er fortan auf dem Lande leben und Afrosinja heiraten durfte, die von ihm schwanger war. An den Zaren schrieb er: »Allergnädigster Herr und Vater! Ihr Brief, allergnädigster Herr, wurde mir von den Herren Tolstoj und Rumjanzew übergeben. Sie haben mir auch Ihre wohl wollenden Absichten bezüglich meiner Person mitgeteilt, so unwürdig ich Eurer Gnade bin. Sie haben mir weiterhin verkündet, dass Sie mir den dummen Streich, dessen ich mich schuldig gemacht habe, zu verzeihen geruhen, wenn ich zu Ihnen zurückkehre. Weinend vor Rührung bitte ich Eure Barmherzigkeit kniefällig um Vergebung für mein Vergehen und bekenne, dass ich jede wie auch immer geartete Strafe verdiene. In Erwartung Ihrer allergnädigsten Antwort bin ich ganz zu Ihrem Willen. In wenigen Tagen reise ich mit deinen Abgesandten nach deinem Lande, Sire, und begebe mich nach Petersburg ...«

Da man ihm Nachsicht und Verzeihung zugesagt hatte, der Zar sogar seine Heiratserlaubnis bestätigt hatte, war Alexej so weit eingelullt, dass er tatsächlich sein Asyl verließ und im Januar 1718 in Russland eintraf. Er malte sich bereits sein künftiges Leben mit Afronsinja in den schönsten Farben aus; andere dagegen sahen schwarz. Fürst Gagarin etwa meinte: »Dieser Narr kommt zu seinem Begräbnis, nicht aber zu seiner Hochzeit.« Ins selbe Horn stieß Fürst Dolgorukij: »Der Dummkopf wird hier den Tod finden.«

Während Alexej seiner Geliebten, die wegen ihrer Niederkunft in Bologna zurückgeblieben war, zärtliche Briefe schrieb, braute sich über seinem Haupt das Unheil zusammen.

Am 14. Februar 1718 versammelte der Zar alle Minister und hohen Persönlichkeiten des Staates im Thronsaal des Kreml, wo er, auf dem Thron sitzend, seinen heimgekehrten Sohn erstmals empfing. Während die Umstehenden gebannt den Atem anhielten, prasselten Peters Vorwürfe auf den zerknirschten Zarewitsch nieder. Zuletzt aber versprach er ihm Vergebung, wenn er auf den Thron verzichtete und alles über die Umstände seiner Flucht preisgab.

Tags darauf unterzeichnete Alexej, wahrscheinlich leichten Herzens, eine eidesstattliche Erklärung, in der er feierlich auf die Thronfolge verzichtete. In einem Manifest verkündete der Zar sodann dem Volk die Untaten des Zarewitsch und schloss dann versöhnlich: »Weil Unser Vaterherz von Mitleid erfüllt ist für ihn, verzeihen Wir und erlassen ihm jegliche Strafe, doch können Wir ihm nicht ruhigen Gewissens das Erbe des russischen Thrones übergeben. Aus diesem Grunde schließen Wir ihn von der Thronfolge aus und ernennen und erklären Peter, Unseren zweiten Sohn, zum Thronfolger. Wer immer sich der vorliegenden Erklärung widersetzt und Unseren Sohn Alexej als Unseren Erben ansieht oder ihm beisteht, der wird zum Verräter an Uns und dem Vaterlande erklärt.«

Langsam gingen Alexej nun doch die Augen auf. Aber er konnte nicht mehr zurück. Er hatte versprochen, alles über seine Flucht zu berichten. Nun zwang ihn der Vater Namen preiszugeben, darunter den seiner Mutter, mehrerer Verwandten, hoher Geistlicher und Offiziere, die alle über seine Flucht informiert gewesen waren. Kurz darauf setzte eine Verhaftungswelle ein. Wieder einmal schlug Peter mit der ganzen Grausamkeit, zu der er fähig war, zu. Und wieder traf es dabei Menschen, die mit der Sache gar nichts zu tun hatten.

Durch Zufall deckte damals der ins Kloster Susdal entsandte Untersuchungsrichter die Liaison der verstoßenen Zarin Jewdokija mit dem Hauptmann Stefan Glebow auf. Der Offizier hatte sich einst der frierenden Fürstin erbarmt und ihr einen Pelzmantel geschickt. Zum Dank hatte sie ihn empfangen. Von da an hatte sich eine Liebesgeschichte zwischen den beiden entwickelt, die von den Nonnen des Klosters gedeckt wurde. Dafür mussten sie jetzt büßen. Sie wurden im Hof des Klosters so heftig ausgepeitscht, dass einige von ihnen daran starben. Hauptmann Glebow aber und die Mitwisser von Alexejs Flucht wurden in Gegenwart des Zaren auf das Grausamste gefoltert und auf bestialische Art und Weise hingerichtet. Am Schlimmsten traf es Glebow. Er wurde ausgepeitscht, dann mit glühenden Eisen und brennenden Hölzchen unter den Nägeln malträtiert, 14 Stunden lang auf ein Brett mit hölzernen Bolzen genagelt und schließlich gepfählt. Sein Todeskampf dauerte einen ganzen Tag lang. Die Exzarin wurde vor dem versammelten Ordenskapitel von zwei Mönchen ausgepeitscht und sodann in ein bekannt strenges Kloster am Ladogasee gesteckt. Erst als ihr Enkel, Peter II., 1727 den russischen Thron bestieg, erhielt sie die Freiheit wieder. Sie trat in das Moskauer Jungfrauen-Kloster ein, wo sie im September 1731 starb. Die Halbschwester des Zaren Maria* blieb dagegen bis zum Jahre 1721 in der berüchtigten Festung Schlüsselburg nahe St. Petersburg.

Noch aber war der Blutrausch des Zaren nicht gestillt. Für seinen Sohn hatte er sich eine ganz besondere Grausamkeit ausgedacht.

Ungeduldig hatte der Zarewitsch die Ankunft seiner Geliebten herbeigesehnt. Der Naive glaubte noch immer an eine Zukunft mit Afrosinja! Er ahnte nicht, dass auch sein Vater auf die Mätresse gewartet hatte. Augenblicklich ließ er sie festnehmen und verhören. Und Afrosinja, dumm und voller Angst wie sie

* Maria Alexejewna (1660–1723)

war, plauderte alles aus, was man von ihr hören wollte, und belastete damit ihren Liebhaber schwer. Sie erzählte, dass er sich beim Kaiser über seinen Vater beklagt habe, dass er geheime Botschaften nach Petersburg gesandt habe, usw. Und schließlich händigte sie dem Zaren sogar noch den Entwurf eines Briefes an den Senat und an zwei Bischöfe aus, den ihr Alexej zum Verbrennen übergeben hatte.

Alexej war inzwischen in der Peter-und-Pauls-Festung gefangen gesetzt worden. Er atmete auf, als man ihm ankündigte, er werde seine Geliebte wiedersehen. Doch als er Afrosinja gegenüberstand, brach für ihn die Welt zusammen. Die Frau, die er über alles liebte, hatte nicht die geringste Hemmung, ihn eiskalt ans Messer zu liefern um ihren Kopf zu retten. Ohne mit der Wimper zu zucken wiederholte sie all ihre Beschuldigungen noch einmal.

In diesen Minuten verlor das Leben für Alexej jeden Sinn. Man verlangte von ihm den Verrat, an den er nie gedacht hatte, zuzugeben. Er gab ihn zu. Er gab einfach alles zu, was man von ihm wissen wollte, auch wenn es gar nicht der Wahrheit entsprach. Wenig später verkündete ein zweites Manifest des Zaren von Umsturzplänen des Zarewitsch, die dieser nicht habe eingestehen wollen.

Trotz dieses Geständnisses wurde Alexej zu 20 Knutenhieben verurteilt, die vor den Augen des Zaren verabreicht wurden. In seiner Qual gestand der Zarewitsch noch einmal alles und erfand sogar weitere Verbrechen hinzu: »Es ist wahr, dass ich auf andere Weise nach dem Thron gestrebt habe als durch den Gehorsam. Im Bewusstsein, meinem Vater zu missfallen, blieb mir nur ein Weg, nämlich Hilfe im Ausland zu suchen. Ich hätte mich nicht geweigert, mit der Armee, die der Kaiser mir versprochen hatte, mich des russischen Thrones zu bemächtigen ...« Wieder wurde er gefoltert, wieder vor den Augen seines ungerührten Vaters. Sobald man die Geständnisse hatte, die man wollte, wurde Alexej am 5. Juli 1718 von einem Gericht »der Auflehnung gegen seinen Vater und seinen Zaren« für schuldig befunden und dafür zum Tode verurteilt.

Ganz Russland wartete gespannt, ob der Zar dieses Urteil tatsächlich vollstrecken lassen würde, als plötzlich eine Nachricht sämtliche Spekulationen beendete: Der Zarewitsch war am 7. Juli 1718 im Kerker gestorben.

Niemand glaubte die offizielle Version von Alexejs Tod, die da lautete: »Als das Urteil gegen Unseren Sohn gefällt wurde, da waren Wir, sein Vater, von Mitleid bestimmt, aber ebenso sehr erfüllt von der Sorge um den Frieden Unseres Reiches. In dieser schwierigen Lage fiel es schwer, zu einem Schluss zu kommen. Doch dem Allmächtigen in seiner unendlichen Güte gefiel es, Uns Unserer Zweifel zu entheben und Russland zu retten, denn gestern, am 26. Juni [= 7. Juli], hat er den Tagen des Zarewitsch Alexej ein Ende gesetzt. Der Zarewitsch erlag einer Krankheit, die ihn bei der Verlesung des Todesurteils und der Aufzählung all der unerhörten gegen Uns und das Reich begangenen Verbrechen befiel. Es war, so schien es, eine Art Schlagfluss ...«

Die Welt wird nie erfahren, ob Alexej an den Folgen der Misshandlungen gestorben ist oder ob er auf Geheiß seines Vaters ermordet wurde. Fest steht allerdings, dass ihn sein Vater loswerden wollte, denn das Todesurteil war bereits gesprochen. Peter bemühte sich auch gar nicht Trauer vorzugeben. Schon am folgenden Tag vergnügte er sich bei einem großen Fest.

Die Misshandlung seines Sohnes warf für ewig einen Schatten auf die hinsichtlich der weit reichenden Reformen durchaus positive Herrschaft Peters des Großen. Er musste sich fortan den Vergleich mit Iwan dem Schrecklichen gefallen lassen, der in einem Tobsuchtsanfall seinen ältesten Sohn erschlagen hatte. Reinhard Wittram schrieb in seiner Biographie über Peter I.: »Die Vernichtung des Thronfolgers, seines ältesten Sohnes, gehört zu den Begebenheiten, die in gleicher Weise die Willensmacht des Czaren und seine Schwäche, seine Gewalt und sein Scheitern bezeugen.«

1718 war Peter der Große 46 Jahre alt. Damals lebte sein Sohn, der dreijährige Peter, noch. Dieser starb jedoch im darauf folgenden Jahr und die Prinzessinnen Anna und Elisabeth sollten schließlich die einzigen leiblichen Nachkommen des Zaren bleiben.

Der Kraft strotzende Zar rechnete nicht damit, dass sein Ende schon so nah war. Im November 1724 kam es auf der Newa vor seinen Augen zu einem Schiffsunfall. Ohne lange zu überlegen stürzte er sich in die eisigen Fluten, um der vom Ertrinken bedrohten Mannschaft zu Hilfe zu kommen. Damals zog er sich eine schwere Erkältung zu, von der er sich nicht mehr erholen sollte. Am 8. Februar 1725 starb Peter I. nach qualvollem Todeskampf. Er war nicht mehr dazu gekommen, einen Nachfolger zu bestimmen. Unsicherheit, Verwirrung, Ratlosigkeit waren die Folge. Niemand wusste, wie es mit Russland weitergehen sollte.

Martyrium eines Kindes

Iwan VI., Zar von Russland

Es war Peters alter Kumpan, Alexander Menschikow, der die allgemeine Verwirrung und das entstandene Machtvakuum nützte, um die Zügel in die Hand zu nehmen. Er begab sich zur Witwe des verstorbenen Zaren, Katharina, seiner einstigen Geliebten, und überzeugte sie davon, dass Peter, auch wenn er dazu nichts Schriftliches hinterlassen hatte, sie allein als Nachfolgerin gewollt habe.

So kam es, dass Martha Skavronskaja, die livländische Magd, die weder lesen noch schreiben konnte, als Katharina I. den russischen Thron bestieg. Hinter ihr aber stand von Anfang an Menschikow und dirigierte sie. Der ehemalige Piroggenverkäufer genoss sichtlich seine nahezu unumschränkte Macht, welche ihm jedoch nur allzu rasch wieder zu entgleiten drohte. Denn Katharina starb nach nur 2-jähriger Regierungszeit am 17. Mai 1727 im Alter von erst 43 Jahren. Im Gegensatz zu ihrem Gemahl hinterließ die Zarin jedoch immerhin ein Testament, das eindeutig ihre Nachfolge regelte, allerdings auch für eine gewisse Überraschung sorgte. Denn anstatt einer ihrer Töchter bestimmte sie ihren Stiefenkel, den zwölfjährigen Peter Alexejewitsch, zu ihrem Nachfolger.

Der Sohn des unglücklichen Alexej war bisher kaum in Erscheinung getreten. Peter der Große hatte die Existenz dieses Jungen, der ihn unweigerlich und ständig an seinen verhassten Sohn erinnerte, offenbar zu verdrängen versucht, indem er ihn ignorier-

te. Aber wenigstens eine gute Erziehung hatte er ihm zukommen lassen.
Peter II. schien – zumindest äußerlich – nach seinem Großvater zu geraten. Er war überdurchschnittlich groß, intelligent und ein Versprechen für die Zukunft. Im Gegensatz zu seinem berühmten Vorfahren entwickelte er sich jedoch zu einem ausgesprochen eleganten, feinen und charmanten jungen Mann. Allerdings dürfte er sowohl von seinem Vater als auch von seinem Großvater die weniger erfreuliche Anlage zur Trunksucht und zur Ausschweifung geerbt haben.
Dennoch stieß Katharinas Entscheidung allgemein auf Zustimmung. Die Russen fanden es nur recht und billig, dass der bislang einzige Enkel Peters des Großen und damit der letzte männliche Romanow den Thron bestieg. Selbst Katharinas Töchter, die zu Recht hatten hoffen dürfen, erhoben keinen Einspruch.
Die Thronbesteigung Peters II. bedeutete allerdings auch eine Verlängerung der Herrschaft des Fürsten Menschikow. Dieser hatte nämlich vorgesorgt, indem er Katharina die Zustimmung zur Verlobung seiner Tochter Marie mit dem damaligen Großfürsten Peter abgerungen hatte. Menschikow wähnte sich bereits als Schwiegervater des Zaren und so benahm er sich auch. Er wurde immer unverschämter. Nicht einmal die Töchter der verstorbenen Zarin blieben vor seiner Überheblichkeit verschont. Anna, die ältere und mittlerweile Herzogin von Holstein, zog die Konsequenzen und reiste im Juli 1727 mit ihrem Gemahl nach Deutschland ab, wo sie am 21. Februar 1728 einen Sohn zur Welt brachte, den späteren Peter III. Wenige Wochen danach, im Mai desselben Jahres, starb sie jedoch an den Folgen einer Erkältung.
Ihre jüngere Schwester Elisabeth, die in Russland zurückgeblieben war, durchlebte damals eine Zeit der Trauer und der Einsamkeit. Sie hatte innerhalb weniger Tage nicht nur ihre Mutter, sondern auch ihren Verlobten verloren: Karl August von Holstein-Gottorp, ein Cousin ihres Schwagers. Er war als künftiger Gatte für Elisabeth zum Zug gekommen, nachdem das Projekt, sie mit Ludwig XV. zu vermählen, gescheitert war. Es wäre eine Liebesheirat geworden, denn die beiden jungen Leute waren

einander von der ersten Begegnung an innig zugetan. Doch nur wenige Tage nach dem Tod der Zarin wurde Karl August von den Blattern dahingerafft.
Nachdem sie sich von dem schweren Schlag erholt hatte, nahm Elisabeth wieder am gesellschaftlichen Leben des Petersburger Hofes teil. Menschikows Intrigen und Gemeinheiten zum Trotz hatte sie ein ausgesprochen gutes Verhältnis zu ihrem (Halb)Neffen, dem jungen Zaren, und dessen Schwester, Natalja Alexejewna. Es gelang ihr sogar den Spieß umzudrehen und Peter gegen Menschikow einzunehmen. Unterstützt wurde sie dabei von der einflussreichen Familie Dolgorukij und gemeinsam erwirkten sie im September 1727 schließlich Menschikows Sturz. Er wurde all seiner Ämter enthoben und samt seiner Familie nach Sibirien expediert, wo er im November 1729 starb.
Kaum waren die Dolgorukijs an der Macht, agierten sie jedoch nicht viel anders als Menschikow vor ihnen. Fürst Dolgorukij verlor keine Zeit um nun seine Tochter Katharina mit dem Zaren zu verloben, obwohl diese einen anderen liebte. Am 30. Januar 1730 sollte die Hochzeit stattfinden. Das Schicksal aber wollte es, dass Peter II. genau an diesem Tag den Blattern erlag.
Innerhalb von nicht einmal fünf Jahren stand man in Russland nun bereits zum zweiten Mal vor der Frage der Thronbesetzung. Zwar gab es das Testament Katharinas I., das für den Fall, dass Peter II. kinderlos starb, ihre Töchter beziehungsweise deren Nachkommen als Erben benannte, doch wurden da und dort Zweifel bei den hochadeligen Entscheidungsträgern laut. Denn die Legitimität der beiden Prinzessinnen, Anna und Elisabeth Petrowna, war umstritten, da sie vor der Eheschließung ihrer Eltern zur Welt gekommen waren.
In diesem Augenblick erinnerte man sich plötzlich an Iwan V., den geistesschwachen Halbbruder und Mitregenten Peters des Großen. Auch er hatte ja zwei Töchter in die Welt gesetzt: Katharina und Anna Iwanowna. Erstere war mit Leopold von Mecklenburg verheiratet, die jüngere jedoch, Anna, lebte nach wie vor als Witwe in Kurland. Da sie weder Mann noch Kinder hatte, sah man bei ihr nicht die Gefahr einer ausländischen Einmischung in russische Angelegenheiten und bot ihr daher die Krone an.

Die Rechung der Notablen des Reiches ging allerdings nur bedingt auf, denn mit der Zarin Anna Iwanowna kam nicht nur ihr Favorit und Liebhaber Graf Biron*, sondern auch eine ganze Flut deutscher Günstlinge an den Petersburger Hof, um dort innerhalb kürzester Zeit hohe und höchste Ämter zu besetzen. Dies erweckte schnell den Unmut des einheimischen Adels und der Bevölkerung und eine spürbare Fremdenfeindlichkeit begann sich breit zu machen. Unter Peter dem Großen waren zwar ebenfalls viele Ausländer nach Russland gekommen, doch die Regierungsämter waren stets in russischen Händen geblieben. Das war nun anders geworden. Jetzt hatten die Deutschen in Russland das Sagen.

Auch Anna Iwanowna selbst erfreute sich nicht gerade besonders großer Beliebtheit. Sie holte nun in St. Petersburg offenbar alles nach, was sie in dem langweiligen Mitau versäumt zu haben glaubte. Sie warf das Geld mit beiden Händen zum Fenster hinaus und schien sich nur noch für Kleider und Vergnügungen zu interessieren, während sie Biron die Regierung überließ. Diesem stand mit dem Grafen Andrej Iwanowitsch Ostermann** als Vizekanzler ein weiterer Deutscher zur Seite.

Trotz ihrer ungeheuren Verschwendungssucht und ihrem Hang zur Grausamkeit konnte sich Anna Iwanowna zehn Jahre lang auf dem Thron halten.

Am Hofe von St. Petersburg weilte seit 1721 auch wieder die ältere Schwester Anna Iwanownas, die Herzogin von Mecklenburg. Sie hatte nach knapp vier Jahren Ehe ihren gewalttätigen Gatten verlassen und war mitsamt ihrer damals dreijährigen Tochter Elisabeth Katharina Christine noch zu Lebzeiten Peters des Großen nach Russland zurückgekehrt.

Da die Zarin selbst keine Kinder hatte, beschloss sie, ihre einzige Nichte zu ihrer Erbin zu machen. Zu diesem Zwecke ließ sie das Mädchen 1733 in die russische Kirche aufnehmen und aus Elisabeth Katharina Christine wurde Anna Leopoldowna. Als Nächstes ging sie daran, einen geeigneten Gatten für ihre Nichte zu suchen.

---

* ursprünglich Bühren, Ernst Johann (1690–1772)
** ursprünglich Heinrich Johann Friedrich Ostermann (1687–1747)

Iwan VI. (1740–1764)

Auf Anregung des österreichischen Gesandten entschied sie sich für Anton Ulrich von Braunschweig, einen Neffen Kaiser Karls VI. und Cousin Maria Theresias. Anna Leopoldowna wehrte sich zwar nach Kräften gegen diese Heirat, denn sie war in den sächsischen Botschafter, den Grafen Moritz Karl Lynar, verliebt. Doch jeder Widerstand war zwecklos. Im Juli 1739 wurde die 18-Jährige vor den Altar gezerrt und dem Braunschweiger angetraut. Ein Jahr später, am 24. August 1740, brachte sie pflichtgemäß einen Sohn zur Welt, der nach seinem Urgroßvater auf den Namen Iwan getauft wurde. Die Zarin, die fühlte, dass sie nicht mehr lange zu leben habe, ernannte ihren Großneffen sofort zu ihrem Nachfolger. Zum Regenten während seiner Minderjährigkeit bestimmte sie, sehr zum Unmut der Eltern des Kleinen, den Grafen Biron. Zwei Monate später, am 28. Oktober 1740, war Anna Iwanowna tot und der Säugling Iwan VI. Zar von Russland.

Die Konstellation war denkbar ungünstig. Ein Baby auf dem Thron von Russland und rundherum nichts als ehrgeizige, machthungrige Ausländer. Vor allem dem Regenten schien seine Macht zu Kopf gestiegen zu sein. Er behandelte die Eltern des kleinen Zaren wie Subalterne und drohte ihnen sogar, sie nach Hause zu schicken, wenn sie sich nicht seinen Anweisungen fügen sollten. Anna Leopoldowna und ihr Gatte entwickelten einen abgrundtiefen Hass gegen Biron, einen Hass mit dem sie allerdings nicht allein waren. Auch Vizekanzler Ostermann und General Graf Minich fanden die Anmaßungen des Regenten unerträglich und gemeinsam schritt man im November 1740 zur Palastrevolution. Biron wurde gestürzt und mitsamt seiner Gemahlin in die eisigen Weiten Sibiriens verbannt.

Zur neuen Regentin für den kleinen Zaren wurde Anna Leopoldowna ausgerufen. Die Öffentlichkeit nahm es zur Kenntnis, empfand man es doch als nur natürlich, dass die Mutter die Regentschaft für ihren Sohn innehatte. Doch Anna Leopoldowna verlor dieses bisschen Sympathie, das ihr die Bevölkerung entgegenbrachte, sehr rasch durch einige taktisch unkluge Entscheidungen.

Sie wird zwar von Zeitgenossen als »stattlich, von hübscher Gestalt und gut gewachsen« beschrieben, allerdings auch als »extrem launisch, jähzornig, indolent, träge und ohne die notwendige Gabe, ein großes Reich in schwerer Zeit zu regieren«. Auch Anna Leopoldownas Gatten, Anton Ulrich von Braunschweig, wurden offenbar keine Herrscherqualitäten konzediert. Der deutsche Botschafter Manstein nannte ihn »das gütigste Herz und Gemüt, so mutig und unerschrocken bei militärischen Dingen, wie man es sich nur wünschen kann, doch bei Staatsaffären zu schüchtern und zaghaft«. Aber er hatte an Anna Leopoldownas Seite ohnedies nichts zu bestellen.

Ihre erste Handlung war, ihren Geliebten, den Grafen Lynar, aus Dresden zurückzurufen. Von da an schwelgte sie nur noch in ihrem Liebesglück ohne die geringste Rücksicht auf ihren Gatten. Aus Gründen der Konvention entschloss sie sich aber wenigstens, Lynar mit ihrer Lieblingshofdame Julie von Mengden zu verheiraten. Zu diesem Zwecke reiste der Graf Ende November 1741 noch einmal nach Dresden, nicht wissend, dass er seine Geliebte nie mehr wiedersehen sollte.

Adel und Bevölkerung stießen sich allerdings weniger am moralisch zweifelhaften Lebenswandel der Regentin denn an der Tatsache, dass sich an der Dominanz der Deutschen bei Hofe und in der Armee nichts geändert hatte. Anton Ulrich von Braunschweig wurde zum Oberkommandierenden des Heeres ernannt, Minich zum Kabinettsminister und Ostermann bekleidete weiterhin das Amt des Außenministers. Die verliebte Anna Leopoldowna aber wollte weder das Murren in ihrer Umgebung noch die Warnungen hören, die sowohl ihr Liebhaber als auch ihr Gatte an sie herantrugen.

Vor seiner Abreise hatte Lynar die Regentin noch einmal eindringlich auf die Gefahr einer möglichen Verschwörung hingewiesen. Konkret warnte er sie vor der Prinzessin Elisabeth, der Tochter Peters des Großen, die in den letzten Jahren fast ein wenig in Vergessenheit geraten war. Elisabeth war mittlerweile 32 Jahre alt und immer noch unverheiratet. Sie hatte sämtliche Heiratskandidaten, die ihr ihre Cousine, die Zarina Anna Iwanowna, vorgeschlagen hatte, abgelehnt. Das hatte seinen Grund. Denn um das Jahr 1731 war Elisabeth Alexej Razumin, dem späteren Grafen Razumowsky, begegnet, einem einfachen Schafhirten, der die große Liebe ihres Lebens wurde. Mit ihm genoss sie im Sommerpalast ein weitgehend unbeschwertes Dasein zwischen Reiten, Jagen und den üblichen höfischen Vergnügungen.

Politisch schien Elisabeth völlig ambitionslos zu sein. Sie hatte die Thronbesteigung Anna Iwanownas ohne Einspruch zur Kenntnis genommen ebenso wie jetzt, zehn Jahre später, jene Iwans VI., obwohl dieser kaum noch Romanow-Blut in den Adern hatte, während sie selbst noch eine echte Romanow war.

Elisabeth Petrowna war in den vergangenen Jahren recht rundlich geworden, galt jedoch nach damaligem Geschmack als ausgesprochen schöne Frau. Vor allem ihre Liebenswürdigkeit und ihr Frohsinn stießen in weiten Teilen der Bevölkerung auf große Sympathie. Sie verstand es, auch auf einfache Menschen zuzugehen. Besonders bei den Soldaten kam ihre Volkstümlichkeit sehr gut an. Ihr größter Trumpf aber war, die Tochter Peters des Großen zu sein, des gefürchtetsten zugleich aber verehrtesten Herrschers seiner Zeit. Außerdem war sie die letzte lebende Romanow, was ihr einen zusätzlichen Nimbus verlieh. Und wenn sie auch französische Mode und französische Lebensart bevorzugte, so wusste doch jeder, wie groß ihre Liebe und Treue zu Russland waren. Elisabeth war ja auch eine echte Russin, was angesichts der deutschen Clique, die bei Hofe das Sagen hatte, von ganz besonderer Bedeutung war. Je unbeliebter sich daher die deutsche Regentin machte, umso beliebter wurde Elisabeth.

Eigentlich waren die beiden Frauen recht gut miteinander ausgekommen. Doch als die Regentin anfing Elisabeth verheiraten zu wollen, trübte sich ihr Verhältnis deutlich. Anna Leopoldowna hatte sich ausgerechnet ihren Schwager, den Prinzen Ludwig von Braunschweig, als Gatten für Elisabeth in den Kopf gesetzt und ihn zu diesem Zwecke sogar schon nach Russland geholt. Elisabeth war zutiefst beunruhigt, ja sie musste sogar fürchten, wenn sie den Braunschweiger ablehnte, ins Kloster gesteckt zu werden. Ein schrecklicher Gedanke für eine sinnliche Frau wie Elisabeth Petrowna!

Solch düstere Aussichten waren wohl mit ein Grund dafür, dass sie nun anfing, auf die Reden ihres französischen Arztes, Lestocq, und des französischen Botschafters, La Chétardie, zu hören. Da sowohl die Regierung als auch der Hof von St. Pe-

Elisabeth Petrowna (1709–1762)

tersburg ganz und gar deutsch ausgerichtet waren, hatten die Franzosen dort wenig zu bestellen. Also setzte Ludwig XV. auf die bekannt frankophile Elisabeth Petrowna. Er wies seinen Gesandten an alles zu unternehmen, um die Tochter Peters des Großen auf den Thron zu bringen. La Chétardie ließ es sich daher einiges kosten, um vor allem in der Armee Stimmung für Elisabeth zu machen. Mit Erfolg.

Es war auch nicht besonders schwer, die unzufriedenen Offiziere, die nicht länger von Deutschen herumkommandiert werden wollten, aufzuwiegeln. Fehlte eigentlich nur noch Elisabeth selbst. Ihre Freunde drängten sie zwar längst, doch endlich zum Wohle Russlands aktiv zu werden, doch Elisabeth zögerte. Erst jetzt, als sie ihre Freiheit gefährdet sah, fasste sie einen Entschluss.

In der Nacht zum 6. Dezember 1741 schien schließlich der Zeitpunkt des Handelns gekommen zu sein. Elisabeth kniete vor ihrer Lieblingsikone zu einem letzten Gebet nieder und dann gelobte sie, dass, wenn sie Zarin würde, nie jemand durch ihren Befehl sterben solle.

Danach bestieg sie gemeinsam mit ihren sieben engsten Freunden einen Schlitten, der sie nach Petersburg brachte. Das Bewusstsein, dass die Garde auf ihrer Seite stand, machte ihr Mut. Beruhigt sah sie, dass vor den Häusern jener Leute, die ihr feindlich gesonnen waren, bereits Posten aufgestellt waren.

Um kein Aufsehen zu erregen beschloss man, die letzten Meter bis zum Winterpalais, dem Sitz der Regentin, zu Fuß zurückzulegen. Es war eisig kalt und der Schnee lag so hoch, dass Elisabeth kaum vorankam. Da hoben die Soldaten sie einfach auf ihre Schultern und trugen sie bis zum Palast. Die dortigen Wachen waren vom nächtlichen Eintreffen der Prinzessin und ihrer Abordnung derart überrascht, dass sie rasch überwältigt waren. Zielstrebig eilten die Eindringlinge danach zu den Gemächern des kleinen Zaren und seiner Mutter.

Elisabeth trat an das Bett Anna Leopoldownas heran um sie zu wecken. »Es ist Zeit, aufzustehen, Schwesterchen«, sagte sie, und die erschrockene Regentin wusste augenblicklich, dass sie ausgespielt hatte. Sie leistete keinerlei Widerstand, bat lediglich, man möge ihren Sohn und ihre Angehörigen schonen. Das hatte Elisabeth auch vor. Zunächst wenigstens. Sie nahm den kleinen Iwan aus seiner Wiege und sagte: »Du bist ohne Schuld, Kleiner, aber deine Eltern sind schuldig!«

Sobald Anna Leopoldowna und ihr braunschweigischer Gemahl angekleidet waren, wurden sie mitsamt ihren beiden Kindern – Iwan hatte seit wenigen Wochen eine kleine Schwester namens Katharina Antonowna – und ihrem Gefolge in den Sommerpalast gebracht, wo sie bis auf weiteres unter Arrest standen.

Die Minister der gestürzten Regentin, darunter natürlich auch Ostermann und Feldmarschall Minich, wurden vor Gericht gestellt und zum Tode verurteilt. Die Urteile wurden jedoch in eine Verbannung nach Sibirien abgewandelt, da sich Elisabeth Petrowna an ihr Gelübde erinnerte, das sie unmittelbar vor ihrem Staatsstreich abgelegt hatte.

Was die »Braunschweiger« betraf, so hatte Elisabeth ebenfalls die Absicht, mit ihnen milde zu verfahren. In ihrem allerersten Manifest hatte sie ihre Thronbesteigung gerechtfertigt und ihr legitimes Anrecht auf den Thron als Tochter Peters des Großen und Katharinas I. hervorgehoben. Gleichzeitig hatte sie ihren Entschluss verkündet, die ehemalige Regentin, ihren Gatten und ihre Kinder aus Russland auszuweisen.

Am 24. Dezember 1741 wurden Anna Leopoldowna und ihre Familie daher auch in eine Kutsche gesetzt und mit einer bewaffneten Eskorte auf die Reise nach Deutschland geschickt. Doch in Riga war Endstation.

Elisabeths Euphorie über den gelungenen Staatstreich war inzwischen verflogen und die politische Realität hatte sie eingeholt. Unsicherheit beschlich sie. War es richtig, den kleinen Zaren und seine Mutter so einfach gehen zu lassen? Würden sie nicht vielleicht vom Ausland aus versuchen, wieder an die Macht zu kommen? Es waren die Reden des französischen Botschafters La Chétardie welche diese Zweifel in Elisabeth aufkommen ließen: Ihre einzige Möglichkeit, sich den Thron zu sichern, sei die Auslöschung jeglicher Erinnerung an die Herrschaft des kleinen Iwan.

Elisabeth nahm sich diesen Rat zu Herzen und ließ sofort sämtliche Erlässe und Dokumente, die in Iwans Namen ausgefertigt worden waren, alle Porträts, die ihn zeigten, alle Münzen, die sein Bild trugen, vernichten. Den ehemaligen Zaren selbst ebenfalls verschwinden zu lassen, das brachte die im Grunde gutherzige und versöhnliche Elisabeth allerdings nicht übers Herz. Immerhin war sie mit ihm verwandt, wenn auch nur noch sehr entfernt. Sein Urgroßvater und ihr Vater waren Halbbrüder gewesen. Sie gab daher lediglich Befehl, die »Braunschweiger« in Riga anzuhalten und bis auf weiteres auf der Festung Dünamünde in Gewahrsam zu nehmen. Sie meinte gnädig zu sein, für den kleinen Iwan aber begann damals ein kaum in Worte zu fassendes, lebenslängliches Martyrium.

Auf der Festung Dünamünde wurden dem Herzogspaar mit seinen Kindern zwei Zimmer zugewiesen, die nur mit dem Notwendigsten ausgestattet waren. Ihre übrigen Angehörigen und Begleiter wurden in Riga untergebracht. Ganze zwei Jahre warteten sie darauf, dass über ihr weiteres Schicksal entschieden wurde. Tag für Tag mussten sie nun um ihr Leben zittern.

Angst, Not und gemeinsames Leid brachten Anna Leopoldowna und ihren Gatten einander näher. Fortan führten sie ein erstaunlich harmonisches und inniges Eheleben. Sichtbares Zeichen dafür war die Geburt einer zweiten Tochter, Elisabeth Antonowna, im November 1743. Zwei weitere Kinder sollten folgen.

Obwohl die »Braunschweiger« mit fast allen europäischen Herrscherhäusern aufs Engste verwandt waren, fand sich niemand, der ihnen wirklich half. Man hatte andere Probleme, denn der soeben ausgebrochene Österreichische Erbfolgekrieg hielt den Kontinent in Atem. Immerhin zeigte sich Maria Theresia, die gerade das umstrittene habsburgische Erbe angetreten war, besorgt um ihren Vetter Anton Ulrich und dessen Familie. Sie bat die Zarin Elisabeth um schonende Behandlung ihrer Verwandten. Außerdem wies sie ihren Botschafter in Russland, den Marchese Antoinette Botta d'Adorno, an, die Interessen Anna Leopoldownas und des kleinen Iwan zu vertreten. Gleichzeitig sollte er jedoch auch die Zarin dazu bewegen, den von ihrer Vorgängerin geschlossenen Freundschaftsvertrag mit Österreich zu erneuern. Weder das eine noch das anderer gelang ihm. Im Gegenteil. Sein offenbar allzu großes Engagement für die gestürzte Regentin sollte sich letzlich sowohl für Anna Leopoldowna und ihren Sohn als auch für Österreich sehr negativ auswirken.

Im Sommer 1743, als Botta sich gar nicht mehr in Russland aufhielt, tauchte nämlich plötzlich sein Name im Zusammenhang mit einer angeblichen Verschwörung auf, deren Ziel es gewesen sein soll, den kleinen Iwan wieder auf den Thron zu bringen. Kein Wunder, dass die Zarin Elisabeth auf derlei Nachrichten im höchsten Maße verärgert reagierte, zumal sich Maria Theresia auch noch hinter ihren Botschafter stellte. Die Habsburgerin musste schließlich wegen der Botta-Affäre ihre Hoffnungen auf ein Bündnis mit Russland begraben, was letztendlich den Verlust von Schlesien bedeuten sollte.

Noch schlimmer aber traf es den kleinen Iwan: Er wurde mit seiner Familie zurück ins Landesinnere gebracht. Keine Rede mehr von einer Weiterreise nach Deutschland!

Der Anstoß zu dieser Vorgehensweise kam ausgerechnet von seinem Onkel, Friedrich II. von Preußen*, der noch vor kurzem im Zusammenhang mit Elisabeth Petrownas Staatsstreich gesagt hatte: »Schande über jene Herrscher, die ihr eigenes Fleisch und Blut für ihre Interessen opfern.« Der alte Fuchs hatte die »Affäre Botta« mit hämischem Vergnügen mitverfolgt und machte sich nun die entstandenen atmosphärischen Störungen zwischen den beiden Kaiserinnen zunutze, indem er sich bei Elisabeth einschmeichelte. Er riet ihr, den Prinzen Iwan an einen sicheren Ort in Sibirien bringen zu lassen, wo ihn niemand kannte; nur so sei gewährleistet, dass er nicht ständig zum Mittelpunkt von Intrigen und Verschwörungen werde.

Das leuchtete der Zarin ein und nach einigem Zögern befolgte sie den Rat des Preußenkönigs. Am 24. Januar 1744 brachte man die »Braunschweiger« mitsamt ihrem 130-köpfigen Hofstaat zunächst nach Oranienburg, dem heutigen Riasan, und wenig später weiter nach Cholmogory, einem Ort hoch im Norden, am Weißen Meer südöstlich von Archangelsk gelegen. Ursprünglich wollte man ihnen das Kloster auf der nahe gelegenen Insel Solowjezk als neues Gefängnis zuweisen, doch stellte sich heraus, dass dort nicht genug Platz für so viele Menschen war. Also ließ man in aller Eile eine Mauer rund um das Palais des Erzbischofs von Cholmogory errichten und quartierte die Gefangenen dort ein.

Hier brachte Anna Leopoldowna im März 1745 und im Februar 1746 zwei weitere Söhne zur Welt, Peter und Alexej. Die Geburt ihres jüngsten Kindes aber kostete sie das Leben. Sie starb am 7. März 1746 im Alter von erst 28 Jahren.

Elisabeth ließ der ehemaligen Regentin zwar ein pompöses Be-

* Friedrichs Gemahlin, Elisabeth Christine von Braunschweig (1715–1796), war die Schwester von Iwans Vater.

gräbnis im Petersburger Alexander-Newsky-Kloster ausrichten, doch selbst der Tod Anna Leopoldownas konnte sie nicht dazu bringen, deren Kindern die Freiheit zu schenken.

Die Zarin wusste natürlich ganz genau, dass Iwan und seine Geschwister ohne jede Schuld waren und dass sie bloß für die Fehler anderer büßen mussten. Sie hatte ihretwegen auch ein schlechtes Gewissen, solange sie lebte, doch konnte sie sich niemals zur Milde durchringen. Die Tatsache, dass Iwan als Säugling zum Zaren ausgerufen worden war, machte ihn zu ihrem größten Rivalen. Und was seine Brüder und Schwestern betraf, so hätten auch diese aufgrund des Testaments der Zarin Anna Iwanowna im Falle von Iwans Ableben immer noch Thronansprüche geltend machen können.

Für Iwan wurde die Lage nun besonders schlimm. Er war noch keine sechs Jahre alt, als seine Mutter starb, dennoch hielt man ihn jetzt von seinem Vater fern. Er wuchs in der Obhut seiner Bewacher auf, die beinahe seine einzigen Kontaktpersonen waren. Er hatte keine Spielkameraden und seine Erziehung wurde so gut wie völlig vernachlässigt. Lediglich ein mitleidiger Priester erbarmte sich des Jungen und lehrte in lesen. Die Heilige Schrift und ein frommes Buch über das Leben der Heiligen waren allerdings seine einzige Lektüre. Iwans Dasein war einsam, freudlos und ohne jede Hoffnung; er war verlassen und von der Welt vergessen. Fast vergessen, denn dann und wann tauchte sein Name wieder im Zusammenhang mit Umsturzplänen auf und bereitete der Zarin schlaflose Nächte.

Es gehört zu jenen symbolträchtigen Zufällen der Geschichte, dass gerade in jenem Augenblick, in dem die verhärmte Exregentin Anna Leopoldowna und ihre Familie Riga verließen, eine aus Deutschland kommende Kutsche ihren Weg kreuzte, in der die vor Erwartung strahlende junge Prinzessin Sophie von Anhalt-Zerbst, die künftige Zarin Katharina II., saß. Sie war von Elisabeth als Gemahlin für ihren Neffen Karl Peter Ulrich von Holstein-Gottorp ausgewählt worden.

Gleich nach ihrer Thronbesteigung hatte die Zarin den mittlerweile 14-jährigen Sohn ihrer verstorbenen Schwester nach Russland geholt und unter dem Namen Peter Fedorowitsch zu ihrem Nachfolger ernannt. Denn sie selbst war kinderlos und das würde auch so bleiben. Eine Heirat mit einem fremden Prinzen kam für sie nicht in Frage, aus politischen wie aus privaten Gründen.*

Mit ihrer Entscheidung, die die meisten Prinzen Europas wahrscheinlich mit Stolz erfüllt hätte, machte Elisabeth jedoch, ohne es zu wollen, nach dem kleinen Iwan einen weiteren Jungen unglücklich.

Peter hatte keine besonders glückliche Kindheit hinter sich. Seine Mutter war wenige Monate nach seiner Geburt gestorben, sein Vater, als er gerade zehn Jahre alt war. Man hatte ihn der Erziehung völlig ungeeigneter, brutaler Männer überlassen, die aus ihm einen verstörten, unsicheren und charakterschwachen Menschen gemacht hatten, dem es überdies fast gänzlich an Bildung fehlte. Elisabeth bemühte sich zwar, diesbezüglich einiges gutzumachen, doch ihre Erfolge hielten sich in Grenzen. Ebenso wenig gelang es ihr, aus Peter einen Russen zu machen. Der Junge hing viel zu sehr an seiner deutschen Heimat und er war todunglücklich, als man ihn zwang, nach Russland zu seiner Tante zu reisen. Er wäre viel lieber Herzog von Holstein-Gottorp und Thronfolger von Schweden geworden als Großfürst und Thronfolger von Russland. Aber die Zarin hatte nun einmal anders entschieden.

Bald aber musste Elisabeth einsehen, dass sie nichts erzwingen konnte. Peter war für den Thron Russlands völlig ungeeignet. Sie setzte daher ihre Hoffnungen auf dessen Gemahlin, Katharina, von der sie sich so rasch wie möglich einen Erben erwartete. Einerseits um die Thronfolge auch für die nächste Generation zu sichern, andererseits um eine Alternative zu Peter zu haben. Und drittens um das »Gespenst Iwan«, das Elisabeth nach wie vor verfolgte, zu bannen.

Doch es dauerte bis zum Jahre 1754, bis sich mit der Geburt des späteren Paul I. endlich Nachwuchs einstellte. Aber selbst danach wurde Elisabeth immer wieder an die Existenz von Iwan erinnert, jenes unschuldigen Kindes, dessen Leben sie zerstört hatte.

---

* Es wird allgemein angenommen, dass Elisabeth ihren Geliebten, Alexej Razumowsky, irgendwann zu Beginn ihrer Herrschaft heimlich geheiratet hat.

Es war im Jahre 1756, unmittelbar nach Ausbruch des 7-jährigen Krieges, als der Name des ehemaligen Zaren wieder zu hören war. Und wieder einmal war es Friedrich II. von Preußen, der ihn ins Spiel brachte. Statt ihm zu helfen, bediente er sich seines armen Neffen für seine politischen Zwecke.
Inzwischen hatte sich im europäischen Machtgefüge einiges verändert. Elisabeth von Russland und Maria Theresia von Österreich waren längst wieder miteinander ausgesöhnt und standen nun nach der so genannten »Umkehr der Bündnisse« gemeinsam mit Frankreich auf einer Seite gegen Preußen.
Friedrich II., der Russlands Kriegseintritt mit allen Mitteln zu verhindern suchte, drohte Elisabeth: Falls sie es wagen sollte die Waffen gegen ihn zu erheben, würde er Iwan entführen lassen, um ihn wieder auf den Zarenthron zu bringen. Die Zarin aber ließ sich davon nicht einschüchtern und setzte ihre Truppen in Bewegung. Vorsichtshalber aber ließ sie damals auch Prinz Iwan heimlich aus seinem Gefängnis in Solowjezk auf die Festung Schlüsselburg nahe St. Petersburg transferieren.
Die neuen Bewacher Iwans, ein gewisser Fähnrich Wlassew und ein Sergeant namens Tschekin, die natürlich nicht wussten, auf wen sie hier aufzupassen hatten, waren angewiesen, ihn keinen Augenblick lang unbeaufsichtigt zu lassen. Es war ihnen verboten, das hermetisch abgeriegelte Innere der Festung zu verlassen und sie hatten darüber hinaus strengsten Befehl, jedem – und sei es ein General oder ein Feldmarschall – den Zutritt zu dem Arrestanten zu verweigern.
Der Arrestant war mittlerweile ein Junge von 16 Jahren, der noch nie das Licht der Freiheit gesehen hatte. In Lumpen gekleidet, auf ein elendes Lager gebettet, ohne Ansprache und ohne Sonnenlicht fristete Iwan von nun an auf der Schlüsselburg sein Leben. Er hatte keinen Namen, nur eine Bezeichnung: »Der Gefangene Nr. 1«. Seine einzige Beschäftigung war das Rezitieren der Heiligen Schrift und der Geschichten verschiedener Heiliger, die er als Junge auswendig gelernt hatte, Erzählungen, die seit vielen Jahren mangels anderer Zerstreuung zum Mittelpunkt seines Daseins geworden waren. Er erzählte sie auch seinen Wärtern Wlassew und Tschekin den einzigen Menschen, die er abgesehen vom Kommandanten der Festung zu

Gesicht bekam. Die beiden hielten ihn deshalb für »wirr im Kopf«.

Mit der Zeit aber bekamen sie Angst, bald selbst überzuschnappen. Damit sie nichts über ihren Häftling ausplaudern konnten, hatte man die beiden Bewacher völlig von der Außenwelt isoliert; sie durften mit niemandem in Kontakt treten, nicht einmal ihre Familien besuchen, sodass sie sich bald ebenfalls wie Gefangene fühlten. Sie fingen an Iwan, dem sie die Schuld an ihrer misslichen Lage gaben, zu hassen. In der klaustrophobischen Atmosphäre des Gefängnisses stauten sich die Gefühle auf. Wlassew und Tschekin konnten sich nur noch dadurch Luft machen, indem sie Iwan quälten und verhöhnten. Der arme, geschundene Junge wehrte sich. »Wie wagst du, Schwein, mit mir zu sprechen!«, brauste er eines Tages auf. Die Bewacher waren perplex ob dieses ungewohnt herrischen Gebarens ihres Häftlings. Dann meldeten sie den Vorfall.

Wenig später erstattete der Festungskommandant Alexander Schuwalow dem Chef der Geheimpolizei den folgenden Bericht: »Auf Befehl Euer Durchlaucht habe ich den Arrestanten gefragt, wer er sei: Er nannte sich einen Prinzen. Ich sagte ihm, er solle doch keinen Unsinn denken und solche Lügen in Zukunft nicht mehr aussprechen. Er ist jetzt offenbar verwirrten Geistes, ich kann mich nicht enthalten Furcht vor ihm zu haben. Auf meinen Zuspruch sagte er: ›Wage es nicht mich anzuschreien, ich bin der kaiserliche Prinz von Russland – ich bin euer Kaiser!‹« Der Kommandant erhielt daraufhin die Anordnung: »Wenn der Arrestant die Ordnung nicht einhält oder unschickliche Reden führt, so legen Sie ihn an die Kette, bis er gehorcht, und wenn er es auch dann nicht tut, so soll er mit dem Stock oder mit der Peitsche, je nach Ihrem Ermessen, Schläge erhalten.« Iwan scheint sich in sein Schicksal gefügt zu haben, denn am 18. September 1756 schrieb der Kommandant: »Der Arrestant ist im Vergleich zu früher etwas ruhiger. Über seine Person lügt er keinen Unsinn mehr.«

Elisabeth war irritiert, als sie die Berichte der Bewacher las und entschloss sich, Iwan selbst in Augenschein zu nehmen. Sie ließ ihn irgendwann im Verlauf des Jahres 1757 in den Winterpalast bringen, um ihn befragen zu lassen, während sie selbst ihn von

einem Versteck aus beobachtete. Sie wollte sehen, was aus dem Knaben geworden war, den sie vor nunmehr über 15 Jahren vom Thron gestürzt hatte. Und vor allem, wusste er, wer er war? Vielleicht aber wollte die Zarin damals auch wissen, ob Iwan im Fall des Falles einen Thronfolger abgeben könnte.
Der Grund für diese vermutete Überlegung der Zarin lag wohl in dem höchst beunruhigenden Verhalten ihres Neffen, der Russlands größten Feind, Friedrich II., auf geradezu fanatische Weise verehrte. Der künftige Zar bejubelte jeden Sieg der Preußen!
Elisabeth kränkelte damals bereits und fühlte wohl, dass ihr nicht mehr viel Zeit blieb, ihre Angelegenheiten zu regeln. Natürlich hätte sie auch Peter in ihrem Testament einfach übergehen und den kleinen Paul zu ihrem Nachfolger ernennen können. Doch wer wusste besser als sie selbst, welchen Gefahren ein Kind auf dem Thron ausgesetzt war.
Iwan aber war jetzt 17 Jahre alt, trotz der langen Gefangenschaft körperlich einigermaßen gesund, mager, aber dennoch schön gewachsen. Im Normalfall hätte er wahrscheinlich einen gut aussehenden Jüngling abgegeben, doch in seinem verwahrlosten Zustand konnte er nur noch tiefes Mitleid erregen. Sein blondes Haar hing ihm in langen, verfilzten Strähnen über die Schultern, die blauen Augen lagen in tiefen Höhlen, seine Haut war durch den Mangel an Sonnenlicht ungesund bleich und die zerschlissene, alte Matrosenuniform, die seit Jahren sein einziges Kleidungsstück war, starrte vor Dreck. Natürlich war Iwan auch ohne jede Bildung und Erziehung, aber er war nicht irr. Trotzdem konnte sich Elisabeth nicht dazu entschließen, das Unrecht, das sie an dem Jüngling begangen hatte, dadurch wieder gutzumachen, dass sie ihn zu ihrem Nachfolger ernannte. Und die Freiheit wagte sie ihm schon gar nicht zu schenken, denn mittlerweile hatte Iwan im Volk – nicht ganz zu Unrecht – den Ruf eines Märtyrers.
Also wanderte der bedauernswerte Junge für weitere sieben Jahre zurück in seine Zelle in der Schlüsselburg, um bald auch Elisabeths Nachfolgerin Katharina II. durch seine bloße Existenz in Angst zu versetzen.
Am 5. Januar 1762 starb Elisabeth Petrowna ohne ihr Testament geändert zu haben und ihr Neffe bestieg als Peter III. den

Thron. Doch der überwiegende Teil der Armee ertrug die Preußenfreundlichkeit des Zaren nicht. Daher setzte man auf die Zarin und half ihr, dem Gatten die Macht zu entreißen. Der abgesetzte Peter III. wurde unter Hausarrest gestellt. Wenige Wochen später war er tot. Er war bei einem Handgemenge mit seinen Bewachern ums Leben gekommen. Obwohl Katharina jede Schuld am Tod ihres Gatten von sich wies, haftete ihr dennoch seither der Geruch der Gattenmörderin an. Eines stand jedenfalls fest: Ungelegen kam ihr Peters Tod nicht.

Katharina II. war mit Sicherheit eine weitaus fähigere Herrscherin als ihr Gatte, doch sie war eine Usurpatorin, noch dazu eine – im Gegensatz zu Elisabeth Petrowna –, die keinen einzigen Tropfen Romanow-Blut in ihren Adern hatte. Sie musste also auf der Hut sein, noch dazu, wo ihre Gegner immer gerne bereit waren, im Fall des Falles die Legitimität ihres Sohnes Paul anzuzweifeln.* Mit Peter aber war nun ihr gefährlichster Rivale von der Bildfläche verschwunden. Doch es gab noch einen anderen: Iwan. Wie man es auch betrachten wollte, der Junge hatte eindeutig das größere Anrecht auf den Thron als sie. Das wussten natürlich auch ihre Gegner. Iwan blieb also eine Gefahr, solange er lebte.

Auch im Ausland dachte man ähnlich. Sicherheitshalber schrieb Ludwig XV. daher an seinen Botschafter, den Baron de Breteuil: »Sie müssen sich auch um das Schicksal des Fürsten Iwan kümmern. Es ist schon viel, dass er am Leben ist. Ich weiß nicht, ob es möglich ist, dass Sie mit viel Geschick und Umsicht mit ihm in Verbindung treten, und ob diese Verbindung, wenn sie überhaupt zustande kommt, nicht für Sie und für ihn gefährlich wäre. Man nimmt an, dass er Anhänger hat; versuchen Sie herauszufinden, wie es damit steht, ohne jedoch dabei Verdacht zu erregen.«

Wenige Wochen nach ihrer Thronbesteigung begab sich Katharina II. incognito zur Festung Kexholm um ihren Rivalen zu sehen. Man hatte Iwan gleich nach dem Staatsstreich dorthin verlegt, um die Schlüsselburg frei zu machen für die geplante Inter-

* Paul war mit ziemlicher Sicherheit der Sohn von Katharinas erstem Liebhaber Sergej Saltykow.

nierung Peters III. Diese kam dann allerdings aus den bekannten Gründen nicht zu Stande, weshalb Iwan, einen Sack über den Kopf gestülpt, zwei Monate später wieder in sein ehemaliges Gefängnis zurückgebracht wurde.

Von dem Gespräch, das Katharina in Kexholm mit Iwan führte, ist nichts überliefert. Nach dieser Begegnung soll sie jedoch schluchzend zusammengebrochen sein. Sie selbst behauptete später allerdings, sie habe einen bedauernswerten Halbidioten vorgefunden, doch gibt es Zweifel an der Richtigkeit ihrer Aussage. Denn warum hat sie sich dann nicht mit der Freilassung eines armen Irren als große Menschenfreundin feiern lassen?

Es liegt also die Vermutung nahe, dass Iwan immer noch körperlich und geistig einigermaßen gesund war. Ihre Feinde hätten sich mit Freuden dieses Thronprätendenten bedient. Katharina blieb also nichts anderes übrig, als Iwan weiter gefangen zu halten. Und Nikita Panin, Katharinas wichtigster politischer Berater, sandte folgende Anordnung an die beiden Offiziere in der Schlüsselburg: »Wenn wider Erwarten jemand mit einem Kommando oder allein kommt um den Arrestanten wegzuführen, ohne einen eigenhändigen Befehl Ihrer Majestät der Kaiserin, so ist das ein Betrug und ein feindlicher Angriff, und der Arrestant darf unter keinen Umständen abgegeben werden. Sollte aber die feindliche Macht so stark sein, dass man sich anders nicht retten kann, muss der Arrestant getötet und auf keinen Fall lebend in andere Hände gegeben werden.«

Inzwischen waren acht Jahre vergangen, seit man ihnen den »Gefangenen Nr. 1« übergeben hatte. Wlassew und Tschekin waren am Ende. Trotz der Aussicht auf reichen Lohn hielten sie es kaum noch auf der Schlüsselburg aus. Sie wollten endlich aus ihrem Gefängnis heraus, endlich wieder Kontakt mit ihren Familien haben. Wieder und wieder bettelten sie daher um ihre Ablöse. Bis jetzt aber immer vergeblich. Dann aber kam der Sommer 1764.

Was damals geschah, mutet wie ein tragischer Zufall an oder war es eine perfide Inszenierung von höchster Stelle?

Im äußeren Teil der Festung Schlüsselburg tat ein junger Offizier namens Wassilij Mirowitsch Dienst. Er stammte aus einer alten ukrainischen Adelsfamilie, die jedoch im Jahre 1709 wegen

Teilnahme an einem Aufstand alle ihre Ländereien verloren hatte. Mirowitsch war mittellos, verschuldet und verzweifelt. Er setzte alle Hebel in Bewegung, um die Rückgabe seiner Güter zu erreichen. Ohne Erfolg. Schließlich wandte er sich an die einflussreichsten Männer im Lande: an Panin, den Fürsten Daschkow und an den Grafen Rasumowsky. Letzterer soll ihm Folgendes gesagt haben: »Tote kehren nicht aus ihrem Grab zurück. Bahne dir selbst deinen Weg, junger Mann. Greife das Glück beim Schopf, wie es andere getan haben.« Was immer der alte Mann damit sagen wollte, Mirowitsch interpretierte es für sich als Aufforderung, Iwan zu befreien und auf den Thron zu bringen, um so – wie einst die Brüder Orlow, als sie Katharinas Staatsstreich unterstützten – zu Ruhm und Reichtum zu gelangen.

Trotz aller Geheimhaltung war die Geschichte vom Gefangenen Nr. 1 irgendwann bis in den äußeren Teil der Schlüsselburg gelangt. Mirowitsch war überzeugt, dass es sich dabei um Iwan handelte. Und er glaubte nicht an einen Zufall, sondern fühlte sich auserwählt den Zaren zu befreien. Die Idee wurde zur Besessenheit.

Er vertraute sich einem Kameraden namens Uschakow an, mit dem er gemeinsam einen Plan ausarbeitete. Das Unternehmen sollte stattfinden, während sich die Zarin auf ihrer Reise durch die Ostseeprovinzen befand. Wenige Tage, bevor man zur Tat schreiten wollte, verschwand Uschakow jedoch spurlos.

Mirowitsch musste also allein handeln. Sobald die Zarin abgereist war, versammelte er seine Soldaten um sich und erläuterte ihnen sein Vorhaben. In den frühen Morgenstunden des 16. Juli 1764 drang er mit seinen Leuten in das Innere der Garnison vor. Tumult entstand, Schüsse fielen, doch niemand wurde verwundet. Mit dem Manifest über Iwans Thronbesteigung, das dieser nur noch zu unterschreiben brauchte, stürmte Mirowitsch in die Zelle des Gefangenen Nr. 1. Es war stockfinster. Als ihm endlich jemand Licht brachte, sah er Iwan. Er lag in einer Blutlache, von seinen beiden Wärtern weisungsgemäß ermordet. Wlassev und Tschekin hatten keinen Augenblick lang gezögert den Jungen abzuschlachten. Denn sein Tod bedeutete ihre Freiheit.

Mirowitsch aber brach weinend zusammen: »Seht, Brüder«, rief er, »dies ist unser Kaiser Iwan Antonowitsch. Jetzt aber sind wir sehr unglücklich und am unglücklichsten bin ich. Ihr seid unschuldig, weil ihr nicht wusstet, was ich tun wollte. Ich werde alle Qualen allein auf mich nehmen.«

Katharina reagierte auf die Nachricht von der Ermordung Iwans mit unverhüllter Erleichterung. »Die Vorsehung hat mir deutlich ihre Huld bewiesen, indem sie diese Sache zu einem guten Ende geführt hat.« Wieder einmal war ein Rivale zur günstigsten Zeit von der Bildfläche verschwunden. Natürlich bemühte sich die Zarin aber, sofort alle Gerüchte, sie sei in irgendeiner Weise in die Sache verwickelt gewesen, niederzuschlagen. Mirowitsch wurde vor Gericht gestellt, als Verschwörer zum Tode verurteilt und hingerichtet. Doch die Welt wollte nicht so recht an einen Zufall glauben. »Der Zeitpunkt und die Umstände dieser Mordtat wecken den Verdacht, dass die Zarin selber sie angeordnet hat«, heißt es in einem Bericht des französischen Gesandten Bérenger. Und der sächsische Botschafter Graf Sacken schrieb zum selben Zeitpunkt an seine Regierung: »Das Volk redet sich ein, die ganze Komödie sei nur gespielt worden, um sich den Fürsten Iwan auf schickliche Weise vom Halse zu schaffen.«

Katharina konnte nicht verhindern, dass ihr Ruf neuerlich angekratzt wurde: Nach dem Tod ihres Gatten lastete man ihr nun auch den von Iwan an. Niemals sollte sie das Odium der gekrönten Mörderin mehr loswerden.

Iwan dagegen war nun endgültig zum Märtyrer geworden. Noch heute geht sein tragisches Schicksal zu Herzen. Zu Recht, denn nie zuvor in der Geschichte und auch nicht danach war ein unschuldiges Kind so grausam behandelt worden, nur weil es im Alter von wenigen Wochen zum Zaren ausgerufen worden war.

Kaum besser war das Los seiner Geschwister. Seine Mutter war, wie bereits erwähnt, 1746 bei der Geburt ihres letzten Kindes gestorben. Sie hatte nur etwas mehr als vier Jahre in Gefangenschaft verbracht. Anton Ulrich von Braunschweig aber überlebte seine Gemahlin um 28 Jahre. Die Trennung von seinem ältesten Sohn und dann die Nachricht von dessen gewaltsamen Tod trafen ihn schwer. Er starb im Mai 1774, völlig erblindet, in seinem Gefängnis in Cholmogory. Katharina II. hatte ihm gleich

Katharina II. (1729–1796)

nach ihrer Thronbesteigung die Freiheit angeboten unter der Bedingung, dass er seine Kinder in Russland zurückließ. Dies hatte er jedoch abgelehnt. Er blieb bei seinen vier Kindern. Diese, mittlerweile alle um die 30 Jahre alt, hatten in ihrem ganzen Leben noch nie die Freiheit kennen gelernt.
Erst als sich die Königin von Dänemark, Juliane-Marie, die Schwester Anton Ulrichs, im Jahre 1780 einschaltete, erbarmte sich Katharina II. der Braunschweiger-Kinder. Sie ließ sie frei und gestattete ihnen die Ausreise. Ja, sie sandte den bedauernswerten Geschöpfen sogar Kleider, Möbel und Tafelsilber und ließ ihnen eine Jahresrente von je 8000 Rubel auszahlen. Begleitet von einem Arzt, mehreren Pflegerinnen und Bediensteten brachen Katharina, Elisabeth, Peter und Alexej von Braunschweig am 24. Oktober 1780 in Richtung Dänemark auf. In Horsens, im Inneren Jütlands, verbrachten sie die letzten Jahre ihres Lebens in Freiheit. Elisabeth Antonowna starb jedoch bereits im November 1782, ihr Bruder Alexej 1787. Peter Antonowitsch lebte noch bis Februar 1798, seine Schwester Katharina bis 1807. Sie war stocktaub geworden und halb verrückt vor Einsamkeit, da sie außer Russisch keine andere Sprache beherrschte. Wie gerne wäre sie nach Russland zurückgekehrt, doch Alexander I. lehnte ihr diesbezügliches Ansuchen im Jahre 1803 ab.

TAFEL 1 – Herzöge von Bayern (gekürzt)

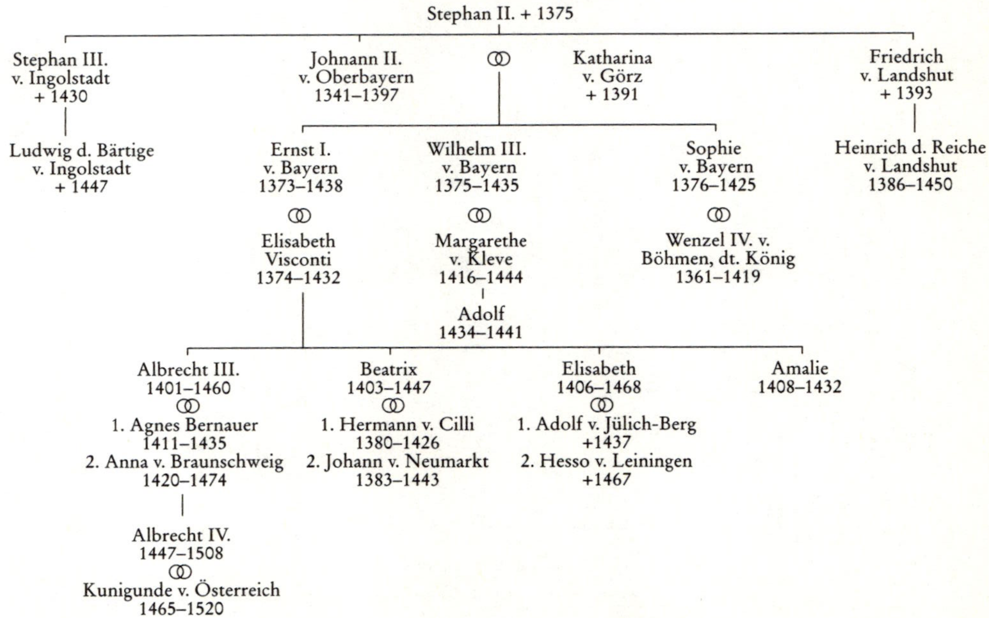

TAFEL 2 – Das Haus Plantagenet (gekürzt)

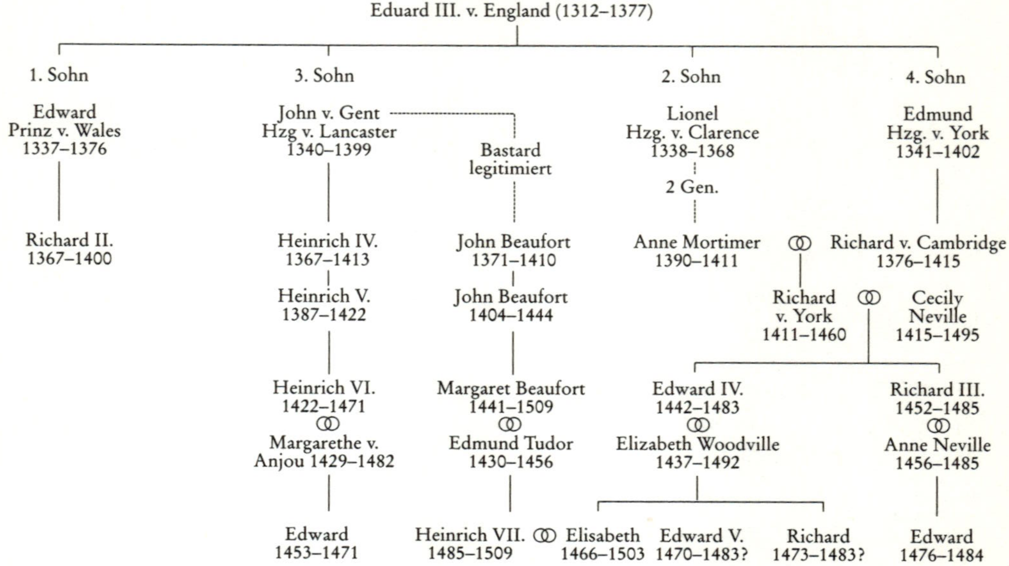

TAFEL 3 – Die Medici (gekürzt)

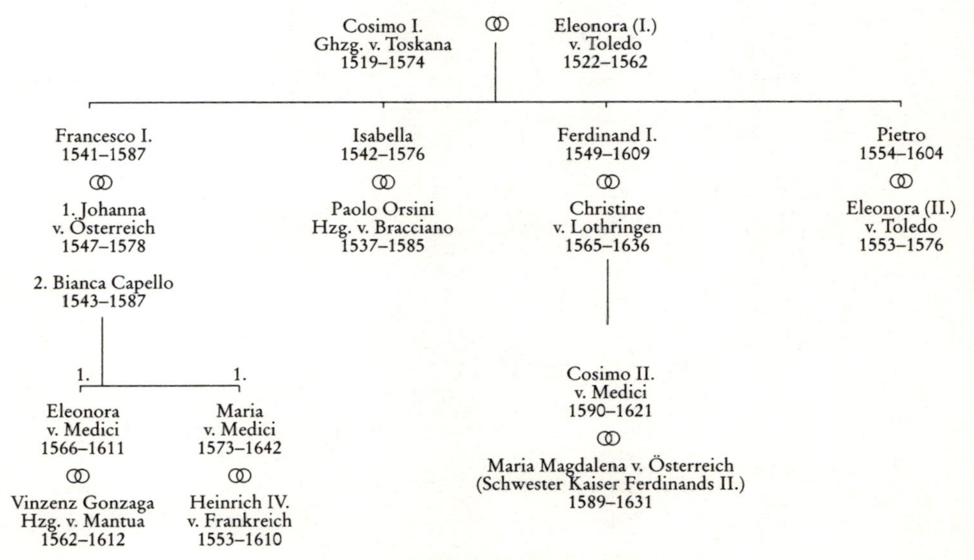

TAFEL 4 – Die spanischen Habsburger (gekürzt)

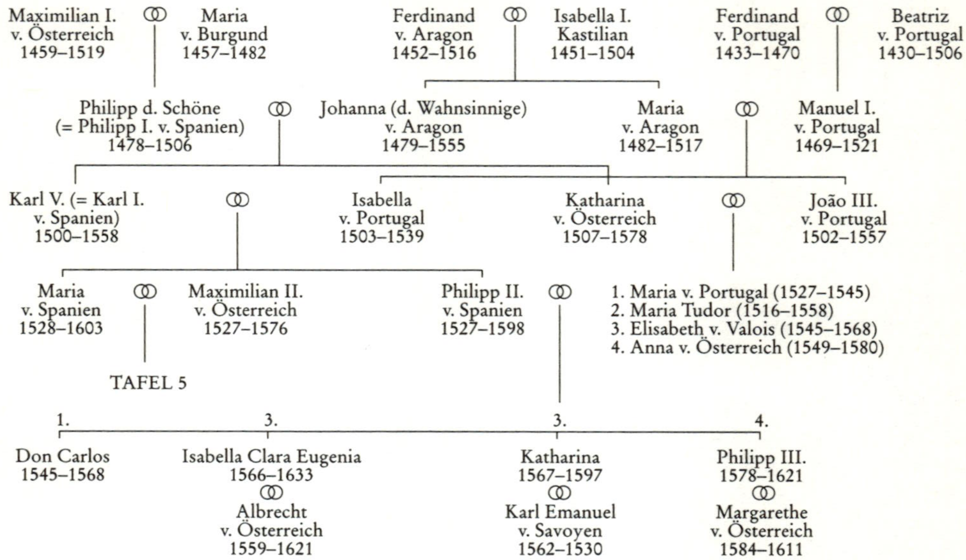

TAFEL 5 – Das Haus Habsburg (gekürzt)

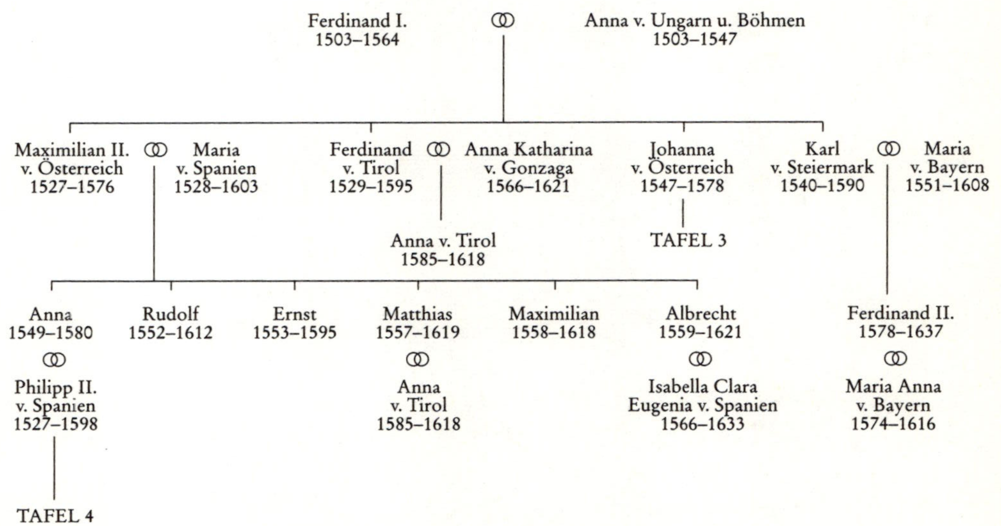

TAFEL 6 – Das Haus Romanow (gekürzt)

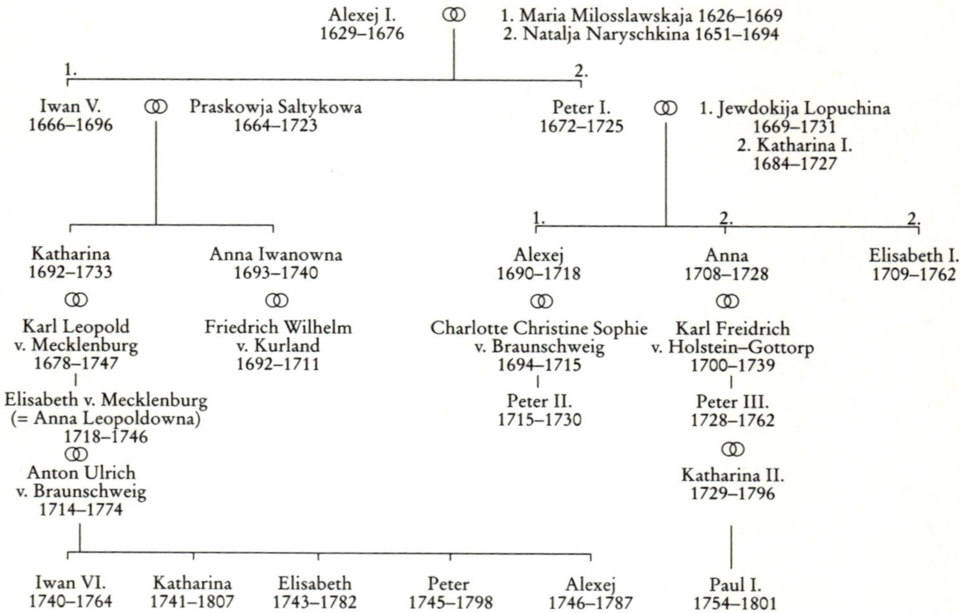

TAFEL 7 – Das Haus Braunschweig-Wolfenbüttel (gekürzt)

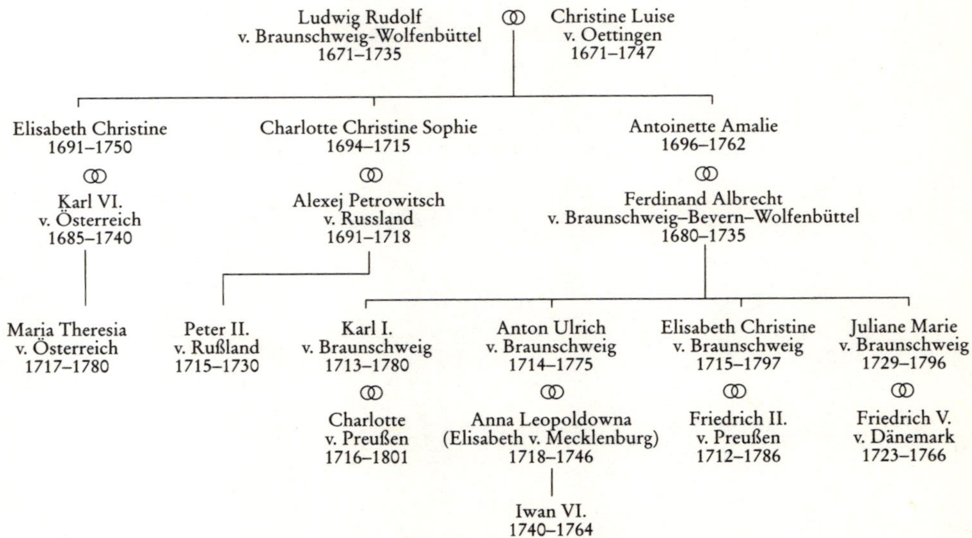

LITERATUR

Anderson, M. S.: Peter der Große. Ein kaiserlicher Revolutionär? In: Europas Fürstenhöfe 1400–1800, Graz 1978

Andrieux, Maurice: Les Medicis, Paris 1958

Arneth, Alfred Ritter v.: Geschichte Maria Theresias, Bde. 1–3, Wien 1863–1879

Bain, Robert Nisbett: The Daughter of Peter the Great, London 1899

Chiappini, Luciano: Gli Estensi, Mailand 1970

Cleugh, James: Die Medici, München 1977

Colonna, Brigante Gustavo: Gli Orsini, Mailand 1955

Costain, Thomas: The Last Plantagenets, New York 1962

Danckert, Werner: Unehrliche Leute. Die verfemten Berufe, Bern 1963

Daschkowa, Katharina: Am Zarenhofe. Memoiren der Fürstin Daschkoff, München 1918

Dauxois, Jacqueline: Der Alchimist von Prag. Rudolf II. v. Habsburg, Düsseldorf 1997

Donnert, Erich: Das russische Zarenreich, München 1992

Dupé, Gilbert: Don Carlos. Le prince fou, Brüssel 1958

Eising, Karl Michael: Richard III. Die weiße Rose von York, Gernsbach 1990

Erickson, Corally: Katharina die Große, München 1995

Erlanger, Philippe: Rodolphe II, Paris 1983

Evans, R. J. W.: Rudolf II and his World, Oxford 1984

Ferdinandy, Michael de: Philipp II. Größe und Niedergang der spanischen Weltmacht, Wiesbaden 1977

Fisas, Carlos: Historias de las reinas de España, Barcelona 1990

Fischer v. Peterhof, Josef: Augsburger Frauen, Augsburg 1963

Giardini, Cesare: Don Carlos, München 1994

Gonzalez Cremona, Juan Manuel: Soberanas de la casa de Austria, Barcelona 1987

Green, Vivien: The Later Plantagenets, London 1955

Gut, Georg A.: Albrecht III., München 1993

Hamann, Brigitte (Hg.): Die Habsburger. Ein biographisches Lexikon, Wien 1988

Harvey, John: The Plantagenets, London 1963

Hebbel, Friedrich: Agnes Bernauer, München 1964

Heilmann, My: Florenz und die Medici, Köln 1968

Helbig, Gustav: Russische Günstlinge, München 1917

Hofmann, Christiana: Das spanische Hofzeremoniell, Frankfurt 1985

Hüttl, Ludwig: Das Haus Wittelsbach, München 1980

Isenburg, Wilhelm Karl Prinz v.: Stammtafeln zur Geschichte der europäischen Staaten, Marburg 1963

Jourcin, Albert: Les Médicis, Lausanne 1968

Kalckhoff, A.: Richard III. Sein Leben und seine Zeit, Bergisch-Gladbach 1980

Katharina die Große: Memoiren, Frankfurt/Main 1996

Kaus, Gina: Katharina die Große, Berlin 1996

Kendall, P. M.: Richard III., London 1955

Kleinschmidt, Arthur: Drei Jahrhunderte russischer Geschichte, Berlin 1898

Korb, Johann Georg: Tagebuch der Reise nach Rußland, Graz 1968

Longworth, Philip: The three empresses: Catherine I, Anna, Elisabeth, London 1972

Lucas-Dubreton, Jean: Philippe II, Paris 1965

Meixner, Hans: Agnes Bernauer. Ein Leben voll Liebe und Leid, Reutlingen 1949

Micheletti, Emma: Die Medici in Florenz, Florenz 1995

Nöhbauer, Hans: Die Wittelsbacher. Eine europäische Dynastie, München 1979

Oettinger, Eduard: Geschichte des dänischen Hofes, Hamburg 1857

Olivier, Daria: Elisabeth de Russie, Paris 1962

Parker, Geoffrey: Philipp II., London 1978

Payne, Stanley George: A History of Spain and Portugal, 2 Bde., London 1973

Petrie, Charles: Philipp II. v. Spanien, Stuttgart 1965

Pfandl, Ludwig: Philipp II., München 1969

Rall, Hans und Marga: Die Wittelsbacher in Lebensbildern, Graz 1986

Reifenscheid, Richard: Die Habsburger, Graz 1982

Reinhardt, Volker: Die Medici, Stuttgart 1992

Reiser, Rudolf: Die Wittelsbacher in Bayern, München 1978

Rice, Tamara Talbot: Elisabeth von Rußland, München 1973

Rill, Bernd: Kaiser Matthias, Wien 1999

Rühl, Lothar: Aufstieg und Niedergang des russischen Reiches, Stuttgart 1992

Saltini, Guglielmo-Enrico: Tragedie Medicee, Florenz 1898

Schäfer, Werner: Agnes Bernauer und ihre Zeit, München 1987

Schevill, Ferdinand: The Medici, New York, 1960

Schrott, Ludwig: Die Herrscher Bayerns, München 1966

Spunda, Franz: Geschichte der Medici, München 1944

Strohmeyer, Arno: Korrespondenz des Kaisers mit seinem Gesandten in Madrid, Bd. I, Wien 1997

Troyat, Henri: Peter der Große, Düsseldorf 1981

Ders.: Der Auserwählte, München 1980

Ders.: Die große Katharina, München 1980

Vallotton, Henry: Peter der Große, 1978

Vandal, André: Louis XV et Elisabeth de Russie, Paris 1887

Vocelka, Karl: Rudolf II., Wien 1985

Whittle, Tyler: The Last Plantagenets, London 1968

Winspeare, Fabrizio: Isabella Orsini e la corte medicea del suo tempo, Florenz 1961

Wittram, Reinhard: Peter I., Czar und Kaiser, 2 Bde., Göttingen 1964

Young; G. F.: Die Medici, München 1950

BILDNACHWEIS

Bildarchiv der Österreichischen Nationalbibliothek: 17, 19, 25, 41, 47, 57, 61, 79, 85, 87, 107, 121, 127, 135, 139, 153, 157, 171
Queens College, Cambridge: 37
Uffizien, Florenz: 65

PERSONENREGISTER

Accoramboni, Vittoria 74
Adolf v. Bayern 20, 22, 26
Afrosinja (Geliebte d. Zarewitsch) 137, 141, 143 ff.
Albrecht III. v. Bayern 10 f., 13 ff.
Albrecht IV. v. Bayern 28
Albrecht II. v. Österreich, dt. König 12
Albrecht, Erzherzog 108, 111, 115 f.
Alessandro de' Medici, Herzog v. Florenz 55 f.
Alexej Antonowitsch (Bruder Iwans VI.) 161, 172
Alexej Petrowitsch, Zarewitsch 7, 129, 132 ff.
Anna v. Böhmen, Kgn. v. England 30
Anna v. Braunschweig, Hzgn. v. Bayern 27 f.
Anna v. Österreich, Kgn. v. Bayern 109
Anna v. Österreich, Kgn. v. Spanien 91, 93, 100, 106 f., 113
Anna v. Polen 109
Anna v. Tirol, Kaiserin 116, 122
Anna Iwanowna, Zarin 134, 151 ff.
Anna Leopoldowna, Regentin (= Elisabeth v. Mecklenburg) 152 ff.
Anna Petrovena, Hzgn. V. Holstein 136, 147, 149 ff., 162
Anne Neville, Kgn. v. England 33, 36, 38 f.
Antinori, Bernardino 69 f.
Anton v. Bourbon 80
Anton Ulrich v. Braunschweig 154 f., 158 ff.

Bathany, Stefan 109
Beatrix v. Bayern, Pfalzgräfin v. Neumarkt 10, 21
Bernauer, Agnes 7, 9, 16 ff.
Bernauer, Kaspar 16
Biron (Bühren), Ernst Johann Reichsgraf v. 152 ff.
Bona v. Savoyen 34
Botta d'Adorno, Antoinette Marchese de 160 f.
Buckingham, Henry Stafford, Herzog v. 44, 49
Butler Eleanor 46

Cappello, Bianca 60, 64, 75
Charlotte Christine Sophie v. Braunschweig-Wolfenbüttel 137 ff.
Chétardie, Jacques Joachim Trotti de la 156 f., 159
Christine v. Lothringen 76
Clarence, George Herzog v. (Bruder Richards III.) 29, 32 f., 35 f., 38, 40
Colonna, Vittaria d'Ascario 68
Cosimo I. v. Medici, Großherzog v. Toskana 55 ff.
Cosimo (Sohn Pietros v. Medici) 70 f.

Daun, Wirich Graf, Vizekönig v. Neapel 142 f.
Dietrichstein, Adam Graf 105
Dolgoruki, Fürst Alexej 151
Dolgoruki, Katharina 151
Dolgoruki, Fürst Michail 123
Don Carlos, Infant v. Spanien 7, 77 f., 81, 84 ff., 103, 106
Don Giulio Cesare (Sohn Rudolfs II.) 119
Dorset, Thomas Grey, 1. Marquis v. 35

Eduard III. v. England 30 f.
Eduard IV. v. England 29, 33 ff.
Eduard V. v. England 36, 43 ff.
Eduard, Prinz v. Wales (Sohn Heinrich VI.) 33, 36 f.
Eduard, Prinz v. Wales (Sohn Richards III.) 39, 50
Eduard, Graf v. Warwick (Sohn Georges v. Clarence) 50
Egmont Gf. 106
Eleonore, Ehzgn. 108
Eleonora v. Toledo (Gemahlin Cosimos I. v. Medici) 58 f.
Elisabeth Antonowna (Schwester Iwans VI.) 160, 172
Elisabeth v. Böhmen 11
Elisabeth v. Mecklenburg-Schwerin = Anna Leopoldowna
Elisabeth v. Österreich, Kgn. v. Frankreich 68, 108
Elisabeth Petrowna, Zarin 136, 147, 150 f., 155 ff.
Elisabeth Visconti, Hzgn. v. Bayern 10, 13, 20
Elisabeth Woodville, Kgn. v. England 34 ff.
Elisabeth v. Württemberg 14
Elisabeth v. York, Kgn. v. England 36, 50, 52
Elisabeth Christine v. Braunschweig-Wolfenbüttel, Kaiserin 137
Elisabeth Christine v. Braunschweig-Wolfenbüttel, Kgn. v. Preußen 161
Ely, John Morton, Bischof v. 46
Erasmus v. Rotterdam 49
Ernst v. Bayern 10 ff.
Ernst, Ehzg. 78, 98, 103, 105 f., 108 ff., 115 f.
Este, Alfonso d', Herzog v. Ferrara 62
Este, Giulia 116

Farnese, Ottavio, Kg. v. Parma 58, 80
Ferdinand I., Kaiser 63, 83, 104
Ferdinand II. Kaiser 122
Ferdinand I. v. Medici, Ehzg. V. Toskana 58 f., 75
Fourquevaux, frz. Botschafter 94
Francesco I. v. Medici, Großherzog v. Toskana 58 ff., 69 ff.
Franz I. v. Frankreich 80
Friedrich II. v. Preußen 161, 164
Friedrich III., Kaiser 28
Friedrich Wilhelm v. Kurland 134

Gloucester, Richard Herzog v. = Richard III.

Golowin, Fürst Feodor 128
Gregor XIII., Papst 74
Grey, John, Lord Ferres 35
Grey, Richard 35, 44

Hastings, William 45
Heinrich IV. v. England 30 f.
Heinrich V. v. England 31
Heinrich VI. v. England 31 f.
Heinrich VII. v. England 50 ff.
Heinrich VIII. v. England 53
Heinrich III. v. Frankreich 68
Heinrich IV. v. Frankreich 80, 117
Heinrich der Reiche, Hzg. v. Landshut 10, 23
Hoorn Gf. 106
Hus, Jan 12 f.
Huyssen, Baron Heinrich 132

Isabella v. Medici, Herzogin v. Bracciano 7, 58 f., 62 ff.
Isabella v. Valois, Kgn. v. Spanien 84, 88 f., 91 f., 98, 100
Isabella v. Valois (2.Gem. Richards II.) 30
Isabella Clara Eugenie 92, 108, 115
Iwan IV. d. Schreckliche v. Russland 147
Iwan V. v. Russland 123 ff., 134, 151
Iwan VI. v. Russland 7, 149, 153 f., 156, 158 ff.

Jewdokija Lopuchina, Zarin 129 ff., 145
João, Thronfolger v. Portugal 80
Johann III. v. Portugal 81
Johann v. Albret 80
Johanna v. Aragonien, die Wahnsinnige 95
Johanna v. Österreich, Großherzogin v. Toskana 59 ff.
Johanna v. Spanien 78, 80, 86, 91
Juliane-Marie v. Braunschweig-Wolfenbüttel, Kgn. v. Dänemark 172

Karl V., Kaiser 58, 64, 78, 80 ff., 86, 88, 104
Karl VI., Kaiser 141 f.
Karl VI. v. Frankreich 31 f.
Karl IX. v. Frankreich 68
Karl d. Kühne v. Burgund 36, 40
Karl, Ehzg. 98, 120
Karl August v. Holstein-Gottorp 150
Karl Friedrich v. Holstein-Gottorp 150
Karl Leopold v. Mecklenburg 136
Karl Peter Ulrich v. Holstein-Gottorp = Peter III.
Katharina I. v. Russland 134 f., 149 ff.
Katharina II. v. Russland 162 f., 167 ff.
Katharina v. Medici, Kgn. v. Frankreich 56, 72, 77
Katharina v. Österreich, Kgn. v. Portugal 81
Katharina v. Valois, Kgn. v. England 31, 50
Katharina Antonowna (Schwester Iwans VI.) 158, 172

Katharina Iwanowna, Herzogin v. Mecklenburg 134, 152
Katharina Michaela v. Spanien 92
Khlesl, Melchior 118, 122
Korb, Johann Georg 126
Kunigunde v, Österreich, Hzg. v. Bayern 28

Lainez, Catherine 82
Lefort, Franz 128, 130
Leopold, Ehzg. Bischof v. Passau 120
Lestocq, Armand 156
Ludwig XI. v. Frankreich 40
Ludwig XIV. v. Frankreich 126
Ludwig XV. v. Frankreich 150, 157, 167
Ludwig d. Bärtige, Hzg. v. Ingolstadt 10, 13, 23, 27
Lynar, Graf Moritz Karl 154 f.

Mancini, Domenico 39, 42
Manstein, dt. Botschafter in Russland 155
Margarethe v. Anjou, Kgn. v. England 32 f., 36, 38
Margarethe v. Kleve, Hzgn. v. Bayern 20 f.
Margarethe v. Parma 80, 94
Margarethe v. Valois 80, 88, 91
Margarethe v. York, Herzogin v. Burgund 29, 40
Margarethe, Ehzg. 108
Maria v. Burgund 40
Maria v. Medici, Kgn. v. Frankreich 62
Maria v. Spanien, Kaiserin 80, 86, 103 f., 108, 113, 115
Maria Alexejewna (Halbschwester Peters I.) 145
Maria Miloslawskaja, Zarin (Mutter Iwans V.) 123
Maria Stuart 91 f.
Maria Theresia, Kaiserin 154, 160
Maria Tudor, Kgn. V. England 82 ff.
Martelli, Camilla 58 f., 69
Martha Alexejewna (Halbschwester Peters I.) 131
Matthias, Kaiser 7, 108 f., 111 ff., 116 ff.
Maximilian I., Kaiser 28
Maximilian II. , Kaiser 59 f., 68, 98, 100, 103 ff.
Maximilian, Erzh. 108, 111
Medici, Alessandro = Alessandro
Medici, Anna 58
Medici, Antonio 58
Medici, Eleonora, Hzgn. v. Mantua 62
Medici, Ferdinand = Ferdinand I.
Medici, Filippo (Sohn Francescos I.) 62, 75
Medici, Garzia 58
Medici, Giovanni 58
Medici, Isabella = Isabella
Medici, Katharina = Katharina
Medici, Lorenzino 55 f.
Medici, Lucrezia, Hzgn. v. Ferrara 58, 62
Medici, Maria = Maria
Medici, Maria (Tochter Cosimos I.) 58
Medici, Petricco 58
Medici, Pietro 58, 69 ff.

Medici, Virginia 58 f.
Mengden, Baronin Julia 155
Menschikow, Fürst Alexander 149 ff.
Menschikow, Marie 150
Minich, Burkhard Christoph Graf 154, 158
Mirowitsch, Wassili 168 ff.
Mons, Anna 130, 136
Mortimer, Anne (Großmutter Richards III.) 31, 32
Mortimer, Edmund, Gf. v. March 31

Natalja Alexejewna (Schwester Peters I.) 132
Natalja Alexejewna (Schwester Peters II.) 137, 151
Natalja Naryschkina, Zarin (Mutter Peters I.) 123
Neville, Anne = Anne
Neville, Isabelle (Gem. George v. Clarence) 35, 38

Orsini, Eleonora 64
Orsini, Isabella 64
Orsini, Lodovico 74
Orsini, Paolo Giordano, Herzog v. Bracciano 63 f., 66 ff., 72 ff.
Orsini, Troilo 66 ff.
Orsini, Virginio 66, 68
Ostermann, Heinrich Johann Friedrich Graf 152, 154, 158

Panin, Nikita 168 f.
Peretti, Francesco 74
Peter I. d. Große v. Russland 7, 123 ff.
Peter II. v. Russland 149 ff.
Peter III. v. Russland 162 ff., 166 ff.
Peter Antonowitsch (Bruder Iwans VI.) 161, 172
Peter Petrowitsch, Sohn Peters I. 139, 147
Philipp II. v. Spanien 71, 789, 80 ff., 103 ff.
Philipp III. v. Spanien 108
Pole, John de la (Neffe Richards III.) 50
Pius V, Papst 99

Razumowsky, Alexej Graf 155, 163, 169
Richard II. v. England 30
Richard III. v. England 7, 29, 32 ff.
Rudolf II., Kaiser 7, 78, 98, 103 ff.

Schönborn, Graf Friedrich Karl v. 141
Schulwalow, Alexej 165
Sebastian v. Portugal 86
Sha, Dr. Edmund 46
Shore, Jane 42
Sibylla (Tochter Albrechts III.) 21
Sigmund, Kg. v. Ungarn, dt. König, Kaiser 11 f., 27
Sixtus V., Papst 75
Skawronskaja, Martha = Katharina I.
Sofija Alexejewna (Halbschwester Peters I.) 123 ff., 130 f.

Sophie v. Bayern, Kgn. v. Böhmen 11 f.
Stillington, Robert Bischof 46
Strada, Katharina de 114 f., 119

Toledo, Eleonora v. (I) = Eleonora
Toledo, Eleonoara v. (II) 7, 68 ff.
Toledo, Garcia 68
Toledo, Pedro v. 58
Tschekin, Sergeant 164 f., 168 f.
Tudor, Heinrich = Heinrich VII. v. England
Tudor, Owen 32, 50

Uschakow, Apollon 169

Visconti, Elisabeth = Elisabeth

Warwick, Richard Neville Graf v. 33 ff.
Wenzel IV. v. Böhmen, dt. König 11 f.
Wenzel, Ehzg. 108, 111
Wilhelm III. v. Bayern 10, 19 f., 22
Wlassew, Fähnrich 164 f., 168 f.
Woodville, Anthony, Lord Rivers 43 f.
Woodville, Elisabeth, Kgn. v. England = Elisabeth Woodville
Woodville, Richard, Earl of Rivers (Vater d. Kgn. v. England) 35

York, Anne v. (Schwester Richards III.) 29, 49
York, Cecily Neville Herzogin v. (Mutter Richards III.) 29
York, Eduard = Eduard IV. v. England
York, Elisabeth v., Herzogin v. Suffolk (Schwester Richards III.) 29, 50
York, George v. = Clarence
York, Margarethe v. = Margarethe
York, Richard v. (Sohn Eduards IV.) 46, 50 f.
York, Edmund, Earl of Rutland (Bruder Richards III.) 29, 32

Helga Thoma

Ungeliebte Königin

Ehetragödien an Europas Fürstenhöfen. 254 Seiten mit 20 Abbildungen. Serie Piper

Nach außen mochten die großen europäischen Fürstenhöfe Pracht und Luxus ausstrahlen, doch hinter ihren Fassaden spielten sich wahre Ehetragödien ab. Die Töchter von Kaisern und Königen wurden häufig wie ein Stück Ware gehandelt und noch als Kinder aus Staatsräson in ein fernes Land verschachert, nach persönlichem Glück wurde selten gefragt. Packend und historisch fundiert erzählt Helga Thoma von tragischen Schicksalen, aber auch von starken Frauen, die sich vom Leid nicht brechen ließen.

»Was Helga Thoma zusammengetragen hat, gibt einen tiefen Einblick in höfisches Zeremoniell und in den seelischen Zustand, in den die ungeliebten Königinnen nach ihrer Heirat gerieten.«
Westfälischer Anzeiger

05/1413/01/L

Karin Feuerstein-Praßer

Die preußischen Königinnen

367 Seiten mit 38 Abbildungen. Serie Piper

Es war durchaus kein leichtes Schicksal, das die preußischen Königinnen im »Männerstaat« Preußen zu bewältigen hatten. Gleichwohl gelang es einigen von ihnen, sich Freiräume zu schaffen – beispielsweise der »Philosophin auf dem Thron«, Sophie Charlotte von Hannover, und der bis heute wohl populärsten preußischen Königin, Luise von Mecklenburg-Strelitz. Andere wiederum litten unter den höfischen Intrigen und der Mißachtung ihres Gemahls oder konnten sich nur durch Lügen oder Heuchelei behaupten.
Unterhaltsam und mit großer Sachkenntnis erzählt Karin Feuerstein-Praßer vom Leben der sieben preußischen Königinnen.

»Wer sich für Geschichte interessiert und für Frauenschicksale der etwas besonderen Art, wird an dieser Lektüre viel Vergnügen haben.«
Aachener Nachrichten

05/1600/01/R

SERIE PIPER